UN DEMI-SIÈCLE
AVEC BORGES

Carnets

© ÉDITIONS DE L'HERNE, 2004, 2010
22, rue Mazarine
75006 Paris
lherne@lherne.com
www.lherne.com

Mario Vargas Llosa

UN DEMI-SIÈCLE AVEC BORGES

Coordonné et traduit par Albert Bensoussan

Ouvrage traduit
avec le concours
du Centre National du Livre

L'Herne

INTRODUCTION

Ce recueil d'articles, conférences, comptes rendus et notes témoigne d'un demi-siècle de lecture d'un auteur qui a représenté pour moi, depuis que j'en ai lu les premiers contes et essais dans la Lima des années 1950, une source inépuisable de plaisir intellectuel. Je l'ai relu bien des fois et, à l'inverse de ce qui m'arrive avec d'autres écrivains qui ont marqué mon adolescence, je n'ai jamais été déçu ; au contraire, chaque nouvelle lecture ravive mon enthousiasme et mon bonheur, en me révélant de nouveaux secrets et les subtilités de ce monde borgésien si insolite dans ses thèmes, si diaphane et élégant dans son expression.

Ma relation étroite de lecteur avec les livres de Borges contredit l'idée selon laquelle on admire avant tout les auteurs proches de soi, ceux qui donnent corps et voix aux fantasmes et désirs qui vous habitent. Peu d'écrivains sont plus éloignés que Borges de ce que mes démons personnels m'ont poussé à être par l'écriture : un romancier intoxiqué par la réalité, fasciné par l'histoire qui se fait autour de nous et ce passé qui pèse encore avec force sur l'actualité. Je n'ai jamais été tenté par la littérature fantastique et peu d'auteurs de ce courant figurent parmi mes favoris. Les thèmes purement intellectuels et abstraits, empreints d'inactualité, comme le temps, l'identité ou la métaphysique, ne m'ont jamais trop inquiété, alors qu'en revanche des sujets aussi terre à terre que la politique et l'érotisme – que Borges méprisait ou ignorait – jouent un rôle majeur dans ce que j'écris. Mais je ne crois pas que ces profondes différences de vocation et de personnalité aient été un obstacle pour apprécier le génie de Borges. Au contraire, la beauté et l'intelligence du monde qu'il a créé m'ont aidé à découvrir les limites du mien, et la perfection de sa prose m'a fait prendre conscience des imperfections de la mienne. C'est sans doute pour cela que j'ai toujours lu – et relu – Borges non seulement dans l'exaltation procurée par un grand écrivain, mais aussi, avec une indéfinissable nostalgie et la sensation que quelque chose de cet éblouissant univers surgi de son imagination et de sa prose me sera toujours refusé, quels que soient mon admiration et le plaisir que j'y aurais pris.

Lima, février 2004

I

QUESTIONS À BORGES

Pardonnez-moi, Jorge Luis Borges, mais tout ce qui me vient à l'esprit pour commencer cet entretien, c'est cette question conventionnelle : Quelle est la raison de votre visite en France ?

J'ai été invité à deux reprises par le Congrès pour la Liberté de la Culture, à Berlin. J'ai été invité aussi par la Deutsche Regierum, par le gouvernement allemand, et ensuite ma tournée m'a mené en Hollande, dans la ville d'Amsterdam, que j'avais grande envie de connaître. À la suite de quoi, ma secrétaire María Esther Vásquez et moi, nous avons poursuivi notre périple en Angleterre, en Écosse, en Suède, au Danemark et maintenant me voilà à Paris. Samedi nous irons à Madrid, où nous resterons une semaine. Puis nous regagnerons notre patrie. Le tout aura duré un peu plus de deux mois.

J'ai compris que vous avez assisté au colloque qui s'est tenu récemment à Berlin entre des écrivains allemands et latino-américains. Voulez-vous me donner votre sentiment sur cette rencontre ?

Eh bien ! ce fut une rencontre agréable dans ce sens que j'ai pu discuter avec plusieurs de mes collègues. Mais quant aux résultats, je crois ces congrès purement négatifs. Il semble, en outre, que notre époque nous y oblige, et j'ai dû faire part de ma surprise – non dépourvue de mélancolie – à entendre, dans une réunion d'écrivains, parler si peu de littérature et tant de politique, un sujet qui m'est plutôt, disons, ennuyeux. Mais je suis, bien entendu, reconnaissant d'avoir été invité à ce congrès, car pour un homme comme moi, sans grandes ressources, cela m'a permis de connaître des pays que je ne connaissais pas, d'emporter dans ma mémoire maintes images inoubliables de villes aussi différentes de divers pays. Si bien que je crois qu'en général ces congrès littéraires sont finalement une forme de tourisme, n'est-ce pas ? et pas du tout désagréable.

*Votre œuvre, ces dernières années, a connu une audience exceptionnelle ici, en France. L'*Histoire universelle de l'infamie *et l'*Histoire de l'éternité *ont été publiées en livres de poche, et se sont vendues à des milliers d'exemplaires en quelques semaines. Outre* L'Herne, *deux autres revues littéraires préparent des numéros spéciaux consacrés à votre œuvre. Et vous avez bien vu qu'à l'Institut des hautes études d'Amérique latine il a fallu placer des haut-parleurs jusque dans la rue, pour les personnes qui n'avaient pu entrer dans la salle écouter votre conférence. Quelle impression tout cela vous a-t-il causée ?*

Une impression de surprise. De grande surprise. Vous vous imaginez, je suis un homme de soixante-cinq ans, et j'ai publié beaucoup de livres, mais au départ ces livres ont été écrits pour moi, et pour un petit groupe d'amis. Je me rappelle ma surprise et ma joie quand j'ai appris, voici plusieurs années, que mon livre *Histoire de l'éternité* avait été vendu en un an à quelque trente-sept

exemplaires. J'aurais voulu remercier personnellement chacun des acheteurs, ou leur
présenter mes excuses. Il est vrai aussi que
trente-sept acheteurs sont imaginables, ce
sont trente-sept personnes avec des traits
propres, une biographie, un domicile, un état
civil, etc. En revanche, si on arrive à vendre
mille ou deux mille exemplaires, cela devient
aussi abstrait que si l'on n'en avait vendu
aucun. Maintenant, le fait est qu'en France
on s'est montré extraordinairement généreux
envers moi, généreux jusqu'à l'injustice. Une
publication comme *L'Herne*, par exemple,
c'est quelque chose qui m'a comblé de grati-
tude et m'a, en même temps, accablé un peu[1].
Je me suis senti indigne d'une attention aussi
intelligente, aussi perspicace et minutieuse
et, je le répète, aussi généreuse envers moi.
Je vois qu'en France il y a beaucoup de gens
qui connaissent mon « œuvre » (j'y mets des
guillemets) beaucoup mieux que moi. Parfois,
et ces jours-ci, on m'a interrogé sur tel ou tel

---

1. *Jorge Luis Borges*, L'Herne, coordination Dominique de
Roux et Jean-Claude Milleret, 1964, 472 pages.

personnage. « Pourquoi John Vincent Moon a-t-il hésité avant de répondre ? » Et ensuite, au bout d'un moment, j'ai réfléchi et me suis rendu compte que John Vincent Moon est le protagoniste d'une de mes nouvelles, alors j'ai dû inventer une réponse quelconque pour ne pas avouer que j'avais complètement oublié ce récit et que j'ignorais au juste les raisons de telle ou telle circonstance. Tout cela me réjouit et, en même temps, produit chez moi comme un léger et agréable vertige.

Qu'a représenté dans votre formation la culture française ? Est-ce qu'un écrivain français a exercé une influence décisive sur vous ?

Oui, bien sûr. J'ai fait toutes mes études secondaires à Genève, pendant la Première Guerre mondiale. C'est-à-dire que, des années durant, le français fut pour moi, sinon la langue dans laquelle je rêvais ou faisais mes comptes – car je ne suis jamais arrivé à ce niveau-là –, du moins un langage de chaque jour. Et, bien entendu, la culture française m'a influencé, comme elle a influé sur nous tous, Américains du Sud, peut-être plus que sur les Espagnols.

Mais il y a quelques auteurs que je voudrais détacher tout particulièrement, il s'agit de Montaigne, de Flaubert – Flaubert peut-être plus qu'aucun autre –, et aussi d'un auteur personnellement désagréable à en juger d'après ses livres, mais c'est vrai qu'il s'efforçait d'être désagréable et qu'il y a réussi, je veux parler de Léon Bloy. Ce qui m'intéresse surtout chez Léon Bloy c'est cette idée – une idée que les cabalistes et le mystique suédois Swedenborg ont eue, eux aussi, mais qu'il a sans doute tirée de lui-même –, idée selon laquelle l'univers serait comme une sorte d'écriture, comme une cryptographie de la divinité. Et quant à la poésie, je crois que vous allez me trouver assez *pompier*, assez *vieux jeu* ou rococo, parce que mes préférences en matière de poésie française restent la *Chanson de Roland*, l'œuvre de Victor Hugo, celle de Verlaine, et – mais là à un degré moindre – des poètes tels que Paul-Jean Toulet, celui des *Contrerimes*. Mais il y a sans doute bien d'autres auteurs que je ne nomme pas et qui ont influé sur moi. Il est possible qu'un certain poème que j'ai écrit ait été l'écho de la voix de certains poèmes épiques d'Apollinaire, cela ne me surprendrait pas. Mais si je devais choisir un auteur (bien qu'il n'y ait absolument aucune raison pour choisir un auteur plutôt qu'un autre), cet auteur français serait toujours Flaubert.

On distingue d'ordinaire deux Flaubert : le romancier réaliste de Madame Bovary, *et celui des grandes reconstitutions historiques,* Salammbô *et* La Tentation de saint Antoine. *Lequel a votre préférence ?*
Eh bien ! je crois qu'il me faudrait me référer à un troisième Flaubert, qui est un peu des deux que vous avez cités. Je crois qu'un des livres que j'ai lu et relu le plus dans ma vie est l'inachevé *Bouvard et Pécuchet.* Mais je suis très fier d'avoir dans ma bibliothèque, à Buenos Aires, une édition princeps de *Salammbô* et une autre de *La Tentation de saint Antoine.* J'ai réussi à les avoir à Buenos Aires alors qu'on me dit ici que ce sont des livres introuvables, n'est-ce pas ? Et à Buenos Aires je ne sais quel heureux hasard a mis ces livres entre mes mains. Et je suis ému en pensant que je vois exactement ce que Flaubert a vu

une fois, cette première édition, toujours si émouvante pour un auteur.

Vous avez écrit des poèmes, des nouvelles et des essais. Avez-vous une prédilection pour l'un de ces genres ?

À cette heure, au terme de ma carrière littéraire, j'ai l'impression d'avoir cultivé un seul genre : la poésie. Sauf que ma poésie s'est exprimée bien plus en prose qu'en vers. Mais comme j'ai perdu la vue voici quelque dix ans, et que j'aime beaucoup surveiller et revoir ce que j'écris, je suis revenu maintenant aux formes régulières du vers. Car un sonnet, par exemple, peut être composé dans la rue, dans le métro, ou en déambulant dans les couloirs de la Bibliothèque nationale, et la rime a la vertu mnémonique que vous connaissez. Cela veut dire qu'on peut travailler et polir un sonnet mentalement et ensuite, quand le sonnet est plus ou moins mûr, alors je le dicte, je laisse passer dix ou douze jours, puis je le reprends, le modifie, le corrige jusqu'à arriver au moment où ce sonnet peut enfin être publié sans trop de déshonneur pour son auteur.

Pour finir, je vais vous poser une autre question conventionnelle : si vous deviez passer le reste de votre vie sur une île déserte avec cinq livres, lesquels choisiriez-vous ?

La question est difficile, parce que cinq c'est peu et c'est trop. Et puis, je ne sais s'il s'agit de cinq livres ou de cinq volumes.

Disons cinq volumes.

Cinq volumes ? Eh bien ! je crois que j'emporterais l'*Histoire du déclin et de la chute de l'Empire romain*, de Edward Gibbons. Je pense que je n'emporterais aucun roman, mais plutôt un livre d'histoire. On va donc supposer que ce sera dans une édition en deux volumes. Puis j'aimerais emporter quelque livre que je ne comprendrais pas tout à fait, pour pouvoir le lire et le relire, disons l'*Introduction à la Philosophie des Mathématiques*, de Bertrand Russell, ou quelque ouvrage d'Henri Poincaré. J'aimerais emporter cela aussi. Cela nous fait trois volumes. Puis, je pourrais emporter un tome quelconque, choisi au hasard, d'une encyclopédie. Ainsi pourrais-je avoir plusieurs lectures. Surtout pas d'une encyclopédie actuelle, car aujourd'hui les encyclopédies sont des ouvrages de consultation, mais d'une encyclopédie publiée autour de 1910-1911, un volume de Brockhaus, ou de Mayer, ou de l'Enciclopædia Britannica, autrement dit quand les encyclopédies étaient encore des livres de lecture. Cela nous fait quatre. Et ensuite, en dernier lieu, je vais tricher, je vais emporter un livre qui est une bibliothèque, c'est-à-dire la Bible. Quant à la poésie, qui est absente de ce catalogue, cela m'obligerait à m'en charger personnellement, et alors je ne lirais pas de vers. Et puis ma mémoire est si peuplée de vers que je crois ne pas avoir besoin de livres. Je suis moi-même une sorte d'anthologie de plusieurs littératures. Moi qui me rappelle si mal les circonstances de ma propre vie, je peux vous réciter à l'infini et jusqu'à l'ennui des vers en latin, en espagnol, en anglais, en vieil anglais, en français, en italien et en portugais. Ai-je répondu à votre question ?

Oui, très bien, Jorge Luis Borges. Je vous remercie.

Paris, novembre 1964

II

LE DÉICIDE BORGÉSIEN

J'ai pensé, parfois, écrire un essai intitulé « Borges, romancier ». On sait bien que Borges n'a pas écrit de romans et qu'au long de son œuvre il s'est référé à ce genre de la même façon dédaigneuse qu'un André Breton. Tous deux semblent avoir méprisé le roman pour la même raison : sa vocation expansive et réaliste. Cependant, l'œuvre de Borges est pleine de commentaires et d'inventions de romans, et des romanciers figurent parmi ses personnages mémorables, tel Pierre Ménard, l'audacieux auteur de deux chapitres du *Quichotte*. Je pensais que cet ensemble d'opinions, de réfutations et de simulations relatives au genre romanesque pouvait, rassemblé, constituer une sorte de traité sur le Roman, une de ces impeccables théories qui sont un des aspects les plus fascinants du génie de Borges.

Je me suis rappelé ce projet mort-né alors que je lisais le livre que John Sturrock a consacré à Borges, car il lui ressemble d'une certaine façon, bien que *Paper Tigers*[2] soit plus ambitieux : il ébauche, à partir des nouvelles de Borges, une théorie de l'art narratif en général. Même si Sturrock fait occasionnellement référence aux essais de l'auteur argentin, et cite parfois ses poèmes, son analyse est centrée sur les fictions. *Analyse* n'est peut-être pas le mot qui convient à son travail. *Analyser* suggère l'idée d'une recherche visant à découvrir ce qu'un texte a de particulier et d'intransmissible, alors que Sturrock se propose plutôt le contraire : prendre des nouvelles ce qu'elles ont de plus général et de plus abstrait pour établir, à partir de ces matériaux, un système expliquant la nature de la fiction, l'idiosyncrasie de l'écrivain de fictions et les rapports entre le monde réel et celui créé par la littérature.

---

2. *John Sturrock, Paper Tigers. The Ideal Fictions of Jorge Luis Borges*, Clarendon Press, Oxford University Press, 1978.

L'un des mérites de son livre est d'avoir échappé à la tentation à laquelle succombent souvent maints critiques borgésiens : le fatras d'érudition. Borges a fait de la pédanterie culturelle ce que, d'après lui, les romanciers nord-américains ont fait de la brutalité : la transformer en technique littéraire. Les références livresques intriquées, les allusions à des commentaires de commentaires, les exotiques auteurs, textes ou philosophies mentionnées au passage, comme négligemment, en sous-entendant pour mieux nous accabler qu'ils devraient être monnaie courante pour le commun des mortels, excepté l'analphabète ou l'idiot, sont, dans les nouvelles de Borges, ce que sont les meubles et les objets dans les romans de Balzac, ou les châteaux dans ceux de Sade : le décor indispensable de l'action. Ce que ces citations et ces associations culturelles ont de *scientifique* perd de son importance dans les contes de Borges, elles planent gracieuses, surprenantes, souriantes, dissociées de leur origine (réelle ou inventée) pour remplir une fonction différente (c'est-à-dire fictive) à l'intérieur du récit. L'auteur les a transformées en quelque chose d'aussi personnel et original que les anecdotes ou les personnages de ses histoires. Mais cette stratégie narrative stimule la pédanterie du critique qui, séduit, prend *au pied de la lettre* cette érudition, comme s'il s'agissait d'un « appareil critique », et s'efforce de juger les nouvelles à partir de cet écheveau de connaissances et de sources qu'il se croit dans l'obligation de démêler afin de rattacher l'histoire à la réalité. Le résultat est généralement un pavé qui, au lieu d'*expliquer* l'art de Borges, l'ensevelit sous une montagne de sources bibliographiques. Pour Borges l'*érudition* est une manière d'échapper littérairement à la réalité, non d'y parvenir. Eh bien ! Sturrock établit avec sagacité le rôle de la *culture* dans la fiction borgésienne, comme support ou stimulation de l'imaginaire, et ne s'y intéresse que dans la mesure où elle étaye sa thèse (irréfutable) selon laquelle les nouvelles de Borges sont « *about ideas instead of people* ».

Paper Tigers part du postulat suivant : les histoires de Borges, non contentes de divulguer les conventions et les procédés de son propre art, altèrent aussi ceux de l'art narratif en général. C'est assurément vrai, mais peut-être peut-on dire la même chose de toute œuvre narrative réussie. L'originalité de Sturrock, c'est qu'à partir de ce postulat, il lit les contes de Borges de façon insolite : comme une succession d'allégories de ce qu'est – et comment est – la littérature narrative. Autrement dit, comme si c'étaient des essais camouflés en fictions. Borges – qui a fait avec beaucoup de talent tout le contraire : des fictions camouflées en essais – approuverait sans doute cette opération. Les sujets de ses contes sont vus comme des éléments ou des pièces de la structure idéale du récit : quelque chose comme leur archétype platonicien. Ainsi la réflexion d'Emma Zunz (dans le récit éponyme) selon laquelle, après s'être donnée au marin anonyme, elle n'éprouvait pas tant le besoin de venger son père que de laver de l'outrage qu'elle avait subi, signifie – selon cette lecture – que, dans une fiction « ce qui *immediately precedes also justifies* » (p. 187). Cette thèse a un point indéniable en sa faveur : les nouvelles de Borges sont souvent des contes que se racontent les personnages les uns aux autres (poupées russes), ou des hypothèses, c'est-à-dire des « fictions » que tisse un narrateur pour expliquer certains faits douteux ou énigmatiques. « Raconter », « inventer », « conjecturer » constituent les thèmes centraux des récits de Borges, ce qui amène Sturrock à voir en eux une métaphore diffuse de ce qu'est la narration, un archipel morcelé de matériaux symboliques sur les complexités de l'art du récit. Le résultat est curieux, amusant et, la plupart du temps, convaincant. Trois brillants chapitres du livre, intitulés « Isolement », « Inspiration » et « Idéalisation », établissent, au moyen de prototypes habilement sélectionnés des textes borgésiens, les étapes par lesquelles passe la fiction avant de se matérialiser. Le premier, l'« Isolement », signifie simultanément la solitude physique de l'auteur, coupant les ponts avec le reste du monde, sa conscience se détachant, en apparence, de la réalité environnante, afin d'être en état d'effectuer ce décollement du réel qui est l'essence de la création narrative. Et il est vrai que maints créateurs, dans les récits de Borges, se voient confinés aux catacombes ou séparés du monde ; comme le sorcier maya entêté à déchiffrer les rayures de la peau du tigre ou, le plus emblématique, don Isidro Parodi qui résout des énigmes policières du fond d'une cellule à Buenos Aires. Une fois isolé, le narrateur doit éprouver ce que Sturrock appelle l'*inspiration*, état psychique d'anormalité et d'excitation – leurs correspondants dans les récits sont l'accident et la fièvre – qui provoque chez l'homme un dédoublement, sa duplication mentale. Cet « esprit mobile dans un corps stationnaire » (*a mobile mind in a stationary body*) se trouve enfin apte à engendrer la fiction. Elle entreprend alors de déréaliser la réalité à travers un usage singulier du langage et un recours particulier à la tradition littéraire. Au cours de cette alchimie, les choses, les hommes, l'histoire, la vie objective – tout ce qui est *contenu* – se transforment en quelque chose qui n'est pas leur reflet mais leur antithèse : l'« idée », c'est-à-dire des mots, autrement dit la forme, c'est-à-dire la littérature.

Cette conception de la littérature comme réalité alternative du réel est intimement borgésienne et Borges, je crois, se sentirait satisfait de ce que dit Sturrock de ses nouvelles : « *There is nothing in them for those whose tastes are moralistic, or sociologic; everything in them for those whose tastes are literary*[3]. » Qu'on puisse, dans la pratique, établir une division aussi stricte entre ces sphères peut, sans doute, prêter à débat. Mais en théorie il est possible de le faire et cette conviction n'a pas été, en tout cas, un obstacle empêchant Borges d'édifier sa formidable œuvre littéraire, ou Sturrock d'écrire son pertinent essai.

L'une des réussites de *Paper Tigers* est le rapprochement opéré entre l'idéalisme philosophique de Borges et les théories littéraires des auteurs du *nouveau roman* et de certains critiques comme Roland Barthes ou Jean Ricardou. Bien que, dans l'exercice même de la littérature, l'œuvre de Borges n'ait pas

---

3.   « Il n'y a rien là pour ceux que leurs goûts poussent à la morale ou à la sociologie ; il y a tout là pour ceux dont les goûts sont littéraires ».

grand-chose en commun avec celle d'un Robbe-Grillet, et que ses idées sur la littérature ne coïncident guère avec l'approche exclusivement « linguistique » des structuralistes dans l'analyse de la fiction, Sturrock montre, non sans raison, me semble-t-il, que les principes esthétiques de Borges rejoignent viscéralement les thèses des auteurs du *nouveau roman*. Par le biais de la philosophie et de la littérature – Berkeley, Schopenhauer ou Shakespeare –, Borges en est venu à défendre l'autonomie absolue de la fiction à l'égard du réel, comme le font les écrivains et critiques « formalistes » français, ce qui explique sans doute l'éblouissement causé chez ces derniers par l'Argentin (il est peu probable que la réciproque soit vraie).

Il y a, par ailleurs, dans l'étude de Sturrock des trouvailles qui enrichissent la critique sur Borges. Le parallélisme convaincant, par exemple, qu'il dessine entre lui et Raymond Roussel, dont les fictions respectives sont, en effet, « *all plot and no psychology*[4] », et la tacite

---

4. « Toute intrigue et aucune psychologie ».

(et chimérique) prétention des deux à être « inexpressifs » et de confier exclusivement au langage et à la logique la confection narrative. C'est là, sans aucun doute, la parenté entre les œuvres, si différentes à première vue, de Borges et de l'extravagant romancier français. Les interprétations de Sturrock sur le sens de certains symboles sont aussi des contributions de marque à l'étude de la mythologie borgésienne. Comme, par exemple, ce que représente le Sud dans ses récits – la réalité, l'action, la vie par opposition à l'imaginaire, la réflexion, la littérature qu'incarnerait le Nord –, ou les résonances religieuses et cabalistiques de cette curieuse constante formelle qui fait commencer le nom de maints personnages dichotomiques des histoires par les lettres A et Z, ou encore sa juste affirmation selon laquelle pour Borges la métaphysique n'est ni plus ni moins qu'une branche de la littérature, et la liberté de pensée un plaisir plus qu'un droit. Une de ses observations fort pénétrantes, aussi, situe à sa juste place l'« idéologie » de Borges », qui pourrait être qualifiée d'« humanisme idéaliste » et se ramener à ceci : pessimisme quant à ce que les hommes n'ont pas créé (la réalité) et optimisme pour cette inexistence dont ils sont responsables, la littérature.

La seconde partie de *Paper Tigers* s'écarte quelque peu de cette lecture allégorique en quête d'éléments archétypiques de la fiction et il y a là des analyses de nature plus académique, presque toujours originales, se rapportant, par exemple, à l'usage de l'« inutile » ou à l'argument narratif entendu comme une « conspiration contre la nature, un rejet de la contingence et du chaos » (p. 139). Ce chapitre contient ses affirmations les plus polémiques, comme, par exemple la conséquence extrême de la conception de la littérature comme réalité purement formelle :

« Le système borgésien invalide, une fois pour toutes, l'explication du fait littéraire par la biographie. Les faits littéraires peuvent être *aussi* des faits biographiques, mais cela n'explique pas de façon satisfaisante ce qu'ils font dans une œuvre de littérature. Ils exigent une explication littéraire, car en prenant une forme littéraire ils changent de sens ; ils ont été

31

choisis pour faire partie d'une structure. Et la structure de l'œuvre littéraire n'est jamais, pas même dans le cas d'une biographie, l'équivalent de la structure d'une vie. Les significations littéraires peuvent seulement être établies en estimant la valeur de faits dans l'économie d'une œuvre comme un tout. » [*«His system is one which invalidates, once and for all, the explanation of a literary fact by a biographical one. Literary facts may be also biographical facts, but that does not satisfactorily explain what they are doing in a work of literature. They require a literary explanation, because when they pass from life into literature their meaning changes ; they have been chosen, they have been set into a structure. And the structure of a literary work is never, not even in the case of a biography, the equivalent of the structure of a life. Literary meanings can only be established by estimating the value of facts within the economy of the work as a whole »*.]

Cette proposition est, à première vue, modeste et sensée : on ne doit pas juger un fait littéraire par des choses qui se passent *hors* de la littérature. Mais, le littéraire existe-t-il comme quelque chose de chimiquement pur, décontaminé de toute autre réalité ? La critique littéraire stylistique des années 1940 et 1950, et structuraliste des années 1960 et 1970 répondent par l'affirmative, estimant que la littérature naît et meurt à l'intérieur des frontières du langage (entendu d'abord comme style, figures, plans, etc., puis comme « discours » ou « écriture »). Pour ma part, je ne suis pas tout à fait convaincu. Il serait excessif, bien sûr, de voir l'association de la *madeleine* chez Proust comme une décomposition physico-chimique de la recette du délicieux biscuit français, tout comme il serait simpliste et sot (ainsi qu'on l'a tenté) d'« expliquer » *Don Quichotte* par les aventures colonialistes de l'Empire espagnol et les rapports de production dans l'Espagne du Siècle d'or. Mais je ne connais aucune analyse « formaliste » d'une œuvre de fiction qui soit moins artificielle ni moins contaminée d'éléments extralittéraires que ces exemples extrêmes. Ainsi *S/Z*, la volumineuse étude consacrée par Barthes au récit *Sarrasine* de Balzac et que Sturrock cite, est, certes, plaisante, et même fascinante : mais n'est-elle pas aussi artificielle et arbitraire, voire plus pour la simple et bonne raison que c'est le critique – c'est-à-dire l'homme de la *réalité*, celui qui se situe en *dehors* de la littérature – qui sélectionne et combine (et souvent invente) ces codes, prismes et normes « formelles » (culturelles, linguistiques et littéraires), pour juger la littérature ? Et dans cette opération – de sélection, d'invention et de combinaison –, comme dans celle de Borges quand il crée ses récits ou dans celle de John Sturrock quand il étudie les récits de Borges, entrent en jeu, sans aucun doute, d'abondants facteurs extralittéraires qui ressortissent, par exemple, à la psychologie et à l'histoire. Que la critique littéraire tienne compte de ces facteurs ne me semble pas méprisable si le critique sait les doser, leur accorder une importance relative et ne pas les surestimer. Ils peuvent tous contribuer à donner une vision totalisatrice du phénomène littéraire. À l'intérieur de cette critique totalisatrice, *tout* – la linguistique, certes, mais aussi la biographie, même vue par le petit bout de la lorgnette – peut être utile et enrichir la compréhension d'un auteur.

Il est vrai que la fiction existe dans la mesure où elle s'affranchit du monde réel, où elle est une réalité « alternative ». On pourrait ajouter qu'elle naît, sans doute, pour la même raison que les révolutions et les religions : un sentiment d'insuffisance du monde réel. Aussi est-ce seulement la moitié de l'histoire de la fiction qui concerne celui qui l'écrit. L'autre moitié est le retour de ces fictions au monde réel dont elles se sont affranchies, à travers le lecteur, sur qui, d'une façon ou d'une autre – toujours très difficile à vérifier – elles agissent, en l'inquiétant, en l'accrochant. Comme dans cette nouvelle de Borges, *Tlön, Uqbar, Orbis Tertius*, où les objets imaginaires inventés par les hommes s'infiltrent insidieusement dans la réalité et finissent par en faire partie (pour le meilleur ou pour le pire). Ce procédé fait aussi partie de l'histoire de la littérature et ne peut être compris en termes purement « formels ». Même dans la première partie du processus, celle qui va de l'esprit de l'écrivain à la constitution de la réalité marginale, si le critique veut la connaître et l'expliquer, il me semble difficile de rejeter à l'avance toute considération non linguistique. Connaître à partir de quels matériaux, de quelles perspectives, se construit cette antithèse qu'est la littérature n'est pas inutile si le critique est assez sagace pour placer chaque chose à sa place, ne pas tout confondre et établir le rapport – peut-être faudrait-il alors parler de rapport dialectique – entre le modèle réel et sa négation littéraire, car cette confrontation peut montrer comment se construit la réalité fictive et ce que la littérature réfute, repousse ou accepte dans la réalité. Ce n'est pas une vaine curiosité. Cette connaissance répond à des questions littéraires aussi vitales que celles de savoir pourquoi un auteur tel que Shakespeare est vivant, lu encore et représenté, pourquoi d'autres sont morts rapidement, et pourquoi à certaines époques des auteurs qui semblaient morts ont ressuscité et se remettent à parler. Car la littérature est une part de la vie, ce qui fait d'elle une conjugaison inévitable de *toutes* les formes de connaissance qui, toutes, peuvent concourir, à côté de l'analyse purement textuelle ou linguistique, à l'explication de ce phénomène « déicide » (émulation de la négation de la Création, émulation du Créateur) qu'est la création littéraire.

Telles sont les considérations marginales suscitées par l'essai de John Sturrock en ce qu'il a de « provocant » (*provocative* en anglais), et, en fait, de stimulant pour le lecteur. Plus que des objections à son livre, ce sont des réactions à la lecture féconde de son livre. Par ailleurs, l'approche libre et allégorique qu'il propose a l'avantage de n'en exclure aucune autre, mais au contraire, de les susciter. Je crois que ce que l'on peut dire de mieux de John Sturrock c'est qu'il fait avec Borges ce que, selon *Paper Tigers*, Borges fait avec les autres livres, avec la « réalité réelle », pour bâtir la littéraire. N'est-ce pas le meilleur éloge qu'on puisse faire d'un livre de critique que de dire qu'il a échafaudé une théorie qui a la richesse esthétique, le ferment et la séduction intellectuelle, et même l'*arbitraire* d'une fiction borgésienne ?

Londres, mars 1978

III

BORGES DANS SA MAISON

Il vit au centre de Buenos Aires, dans un appartement comprenant deux chambres à coucher et un petit salon-salle à manger, avec un chat qui s'appelle Beppo (à cause du chat de Lord Byron) et une domestique originaire de Salta, qui lui fait la cuisine et lui tient lieu aussi de guide d'aveugle. Les meubles sont rares, râpés, et l'humidité a tracé des auréoles sombres sur les murs. Il y a une gouttière au-dessus de la table de la salle à manger. La chambre à coucher de sa mère, avec qui il a passé toute sa vie, est intacte, avec même une robe lilas étendue sur le lit, prête à être portée. Mais la dame est morte voici plusieurs années. Quand je lui demande quelles personnes l'ont le plus impressionné dans sa vie, c'est elle qu'il cite en premier.

Sa chambre ressemble à une cellule : exiguë, étroite, avec un lit si fragile qu'on dirait un lit d'enfant, une petite étagère bourrée de livres anglo-saxons et, se détachant sur les murs aux couleurs passées, un tigre en céramique bleu, des palmiers peints sur la robe, ainsi que la médaille de l'Ordre du Soleil. Je comprends bien pourquoi le tigre : c'est l'animal borgésien par excellence, qui peuple d'abondance ses contes et ses poèmes ; mais pourquoi y a-t-il là cette médaille péruvienne ? Il s'agit de quelque chose de sentimental. Un ancêtre à lui – le fameux colonel Suárez du poème – a gagné cette décoration voici un siècle et demi pour avoir pris part à la bataille de Junín, chargeant à la lance et au sabre contre les Espagnols. Ensuite, la décoration s'est perdue dans les errances de sa lignée. Quand il l'a reçue, à son tour, à Lima, sa mère a pleuré d'émotion et lui a dit : « Elle revient dans la famille. » C'est pourquoi elle est accrochée sous le tigre multicolore.

Il n'y a pas trop de livres dans la maison, s'agissant de sa maison à lui. Outre ceux de la chambre, une double étagère fait l'angle avec

le salon-salle à manger : littérature, philosophie, histoire et religion, en une douzaine de
langues. Mais on chercherait vainement parmi
ces volumes un livre de Borges, ou sur Borges.
Bien que je connaisse par cœur la réponse,
je lui demande pourquoi il s'est exclu de sa
bibliothèque : « Qui suis-je, moi, pour côtoyer
Shakespeare ou Schopenhauer ? » Et il n'a pas
de livres sur lui parce que « le sujet ne l'intéresse pas ». Il n'a lu que le premier que lui ont
consacré, en 1955, Marcial Tamayo et Adolfo
Ruiz Díaz : *Borges, enigma y clave* [Borges,
énigme et clé]. Il l'a lu parce « l'énigme je la
connaissais et j'étais curieux d'en connaître la
clé ». Ce livre ne la lui a pas fournie.

Il est habillé avec une sobre correction
et l'on pourrait jurer qu'il porte cravate et
complet-veston même s'il ne sort pas de chez
lui. Il a perdu la vue voici trente ans et depuis
lors on lui fait la lecture. C'est sa sœur Norah,
surtout, qui s'en charge, ainsi que les amis qui
lui rendent visite. Il est extrêmement tolérant
avec la quantité de journalistes du monde
entier qui veulent l'interviewer. Il les reçoit et
leur offre quelques-uns de ses calembours et

ses reparties ironiques qu'ils interprètent généralement de travers. Pour prix de ses services, il demande qu'on lui lise un poème de Lugones ou un conte de Kipling. Il s'est mis à collectionner les cannes au fur et à mesure que sa vue faiblissait ; il en a beaucoup et, comme ses livres et ses histoires, elles procèdent de pays divers et exotiques.

Tout comme sa modestie, ses bonnes manières sont plus un recours littéraire qu'une vertu. Au fond, il sait fort bien qu'il est un génie, quoique, pour un sceptique comme lui, ces choses n'aient guère d'importance. Et sous cette douceur de vieil homme avec laquelle il vous reçoit, tout en se déplaçant à tâtons dans son appartement, pointe, invaincu, le redoutable sophiste : « Je suis sûr que les traductions qu'a faites Norman Thomas di Giovanni[5] sont meilleures que l'original. Il en est persuadé aussi. » Mais il est vrai que certains de ses jugements se sont adoucis. Il dit du bien de Pablo Neruda, par exemple, dont il tenait, naguère, l'œuvre en piètre estime. Il se rappelle avec

---

5. Traducteur nord-américain, ami et complice de Borges.

reconnaissance qu'à Stockholm, lorsqu'on demanda au poète chilien à qui il aurait attribué le prix Nobel, il répondit : « À Borges. » Et à ce propos, si je lui demande pourquoi les académiciens suédois n'ont pas daigné lui décerner leur prix, il me répond, comme de juste : « Parce que ces messieurs partagent avec moi l'opinion que j'ai de mon œuvre. »

Je lui rappelle qu'il y a vingt ans, lors d'un entretien pour la Radio-Télévision Française, je lui avais demandé ce qu'il pensait de la politique et qu'il m'avait alors répondu : « C'est une des formes de l'ennui – *tedio*. » Cette réponse est-elle encore valable ? « Eh bien, au lieu d'ennui je dirais maintenant dégoût – *fastidio*. » Les hommes politiques n'ont guère sa faveur. « Comment admirer des êtres qui passent leur vie à se mettre d'accord, en disant ce qu'ils disent et (pardonnez-moi) en se rétractant ? » Il est, cependant, vrai qu'il fait beaucoup de déclarations politiques et qu'elles soulèvent un tollé. Jusqu'à ces derniers temps, elles irritaient principalement la gauche. Mais ces jours-ci, à l'écouter parler, c'est la droite qui pousse les hauts cris. Les journaux argentins sont pleins de protestations contre lui. Ils l'accusent de sénilité et d'antipatriotisme pour avoir donné, quasiment, raison au Chili dans le différend sur le canal Beagle, et avoir dit que les militaires devraient se retirer du gouvernement parce que « passer sa vie en garnison et en défilés ne donne à personne capacité pour gouverner ». Mais le plus scandaleux c'est, peut-être, d'avoir dit que « les militaires argentins n'avaient jamais entendu siffler une balle ». Comme un général réfutait ce propos en se donnant en exemple, Borges a rectifié : « J'admets que le général Untel a, pour sa part, entendu siffler une balle. » Il a atteint un tel prestige qu'il peut dire, lui, ce qu'il veut et se faire entendre, sans qu'on le censure, l'arrête ou lui mette une bombe.

Je lui dis que, bien que souvent déconcerté moi aussi par ses opinions politiques, il y a en elles quelque chose de constant que j'ai toujours respecté : ses diatribes contre les nationalismes, de toute nature. M'écoute-t-il ? J'ai l'impression qu'il n'est qu'accidentellement attentif. Il parle, non à un interlocuteur défini, cette personne en chair et en os qu'il a devant lui et qui doit lui apparaître à peine comme une ombre, mais à un auditeur abstrait et multiple – ce qu'est le lecteur pour celui qui écrit – et celui qui est à côté de lui a l'impression d'être un simple prétexte, renouvelé et anonyme, à ce monologue incessant, érudit et fascinant qu'est pour lui une conversation.

Ce discours qui, par instants, devient dramatique parce que sa voix se brise et qu'une grimace crispe son visage, fait apparaître les thèmes bien connus. L'ancienne langue des Vikings, qu'il étudie encore, les sagas nordiques du XIIIᵉ siècle et que les Islandais peuvent lire dans l'original, et il faut voir alors son regard se mouiller quand il parle de Reykjavik… Et de rappeler qu'il fut toujours un anarchiste spencérien comme son père, mais qu'il est maintenant devenu, de surcroît, pacifiste comme Gandhi et Bertrand Russell. Il doute pourtant qu'on n'arrive jamais chez nous à l'anarchisme, ou à la démocratie car enfin, dit-il, la méritons-nous ? Le meilleur apport culturel de l'Amérique latine a été le modernisme et il y a deux choses en Argentine qui plaide en sa faveur : sa nombreuse classe moyenne et l'immigration qu'elle a reçue. Il continue de penser que l'*Histoire de la littérature argentine,* de Ricardo Rojas, est plus grande que toute la littérature argentine « même si l'on considère que cette œuvre fait partie de cette littérature ». Il y a deux pays qu'il aimerait connaître : la Chine et l'Inde. Il n'a pas peur de la mort ; au contraire, il est soulagé à l'idée qu'il disparaîtra corps et bien. Être agnostique rend plus facile l'idée de mourir : la perspective du néant est agréable, surtout dans les moments de contrariété ou de découragement.

Cet ensorcelant monologue va et vient, repart et revient, tressant dans ce pétillement de thèmes un de ces motifs, comme le tigre et le miroir, dont il a tant usé et avec tant d'originalité qu'ils semblent désormais le sien : le labyrinthe. Il est faux qu'il ait grandi dans le quartier créole[6] de Palermo, avec des mauvais garçons aux coins de rue et des airs de milonga[7]. Il a inventé cela par la suite ; en fait,

---

6. Les créoles sont les descendants des immigrants européens.

7. La milonga est la forme originale du tango, au rythme plus vif.

il a grandi dans la bibliothèque de son père, et s'est abreuvé de livres anglais. Car il a beaucoup lu, mais peu de romans, et s'il est vrai qu'il a, peut-être, exagéré en vitupérant (un verbe qui semble bien à lui) contre le genre romanesque, il est certain que ses auteurs favoris sont des poètes, des essayistes ou des conteurs. Conrad est un des rares romanciers à échapper au bûcher. Qu'écrit-il actuellement ? Un poème sur « un obscur poète de l'hémisphère austral ». L'obscur poète c'est lui, bien sûr. Évidemment. Mais nous savons tous deux qu'il ment.

Adieu, Borges, écrivain génial, vieux mystificateur… Les écrivains célèbres, généralement, vieillissent mal, remplis qu'ils sont de superbe et de petites misères. Mais vous, vous gardez la forme et ces pièges savants et splendides qui emplissent vos contes, vous nous les tendez maintenant en parlant. Et nous sommes toujours pris dans ces rets avec un égal bonheur.

Buenos Aires, juin 1981

IV

LES FICTIONS DE BORGES

Quand j'étais étudiant, je lisais avec passion Sartre et je croyais dur comme fer à sa thèse sur l'engagement de l'écrivain dans son temps et sa société. Je croyais que « les mots étaient des actes » et qu'en écrivant un homme pouvait agir sur l'Histoire. Aujourd'hui, en 1987, de semblables idées peuvent sembler naïves et faire bâiller – la mode est au scepticisme quant au pouvoir de la littérature et aussi de l'Histoire –, mais dans les années 1950 l'idée que le monde pouvait être changé en mieux et que la littérature devait y contribuer semblait à bon nombre d'entre nous convaincante et exaltante.

Le prestige de Borges commençait déjà à faire éclater le petit cercle de la revue *Sur* et de ses admirateurs argentins, et plusieurs villes latino-américaines voyaient surgir, dans les milieux littéraires, des admirateurs fervents qui se disputaient comme des trésors les très rares éditions de ses livres, apprenaient par cœur les énumérations visionnaires de ses contes – celle de *L'Aleph,* surtout, si belle – et s'échangeaient ses tigres, ses labyrinthes, ses mascarades, ses miroirs et ses couteaux, ainsi que les surprenants adjectifs et adverbes de ses écrits. À Lima, le premier borgésien fut Luis Loayza, un ami et camarade de génération, qui partageait avec moi livres et illusions littéraires. Borges était un sujet inépuisable de nos discussions. Pour moi il représentait, de façon chimiquement pure, tout ce que Sartre m'avait appris à détester : l'artiste évadé de son monde et de l'actualité dans un univers intellectuel d'érudition et de fantaisie ; l'écrivain dédaigneux de la politique, de l'histoire et même de la réalité, qui exhibait avec impudeur son scepticisme et son souriant dédain pour tout ce qui n'était pas littérature ; l'intellectuel qui non seulement se permettait d'ironiser sur les dogmes et les utopies de gauche, mais poussait l'iconoclastie jusqu'à s'affilier au parti conservateur sous le prétexte bouffon que les hommes de cœur épousent de préférence les causes perdues.

Dans nos discussions j'essayais, avec toute la mauvaise foi sartrienne dont j'étais capable, de démontrer qu'un intellectuel qui écrivait, disait et agissait comme Borges était d'une certaine manière coresponsable de toutes les iniquités sociales du monde, et ses contes et poèmes n'étaient rien d'autres que des *bibe-lots d'inanité sonore* dont l'histoire – cette Histoire avec une majuscule, terrible et justi-cière, que les progressistes brandissent, à leur gré, comme la hache du bourreau, la carte biseautée du tricheur ou la passe magique de l'illusionniste – se chargerait de faire justice. Mais, une fois épuisée la discussion, dans la solitude discrète de ma chambre ou de la bibliothèque, comme le fanatique puritain de *Pluie,* de Somerset Maugham, qui succombe à la tentation de cette chair contre laquelle il prêche, le sortilège littéraire de Borges deve-nait irrésistible. Et je lisais ses contes, poèmes et essais avec éblouissement, à quoi le senti-ment adultérin d'avoir trahi mon maître Sartre ajoutait un plaisir pervers.

J'ai été assez inconstant dans les passions littéraires de mon adolescence ; beaucoup de ceux qui furent mes modèles, quand je tente de les relire, me tombent maintenant des mains, et parmi eux Sartre lui-même. Mais en revanche, Borges, cette passion secrète et coupable, n'a jamais faibli ; relire ses textes, ce que j'ai fait périodiquement, comme pour accomplir un rite, a toujours été une aventure heureuse. Ces derniers temps, pour préparer cette causerie, j'ai même relu d'un bout à l'autre toute son œuvre et, ce faisant, je me suis à nouveau émerveillé, comme la première fois, de l'élégance et de la limpidité de sa prose, du raffinement de ses histoires et de la perfection de leur construction. Je sais combien les appréciations littéraires peuvent être éphémères, mais je crois que dans ce cas on peut affirmer, sans risque d'erreur, que Borges a été le phénomène le plus important de la littérature moderne de langue espagnole, et un des artistes contemporains les plus mémorables.

Je crois aussi que la dette que nous avons contractée envers lui, nous qui écrivons en espagnol, est immense. Tous, même ceux qui, comme moi, n'ont jamais écrit un seul conte fantastique ni n'ont de prédilection particulière pour les fantômes, les problèmes de double et d'infini ou la métaphysique de Schopenhauer.

Pour l'écrivain latino-américain, Borges a représenté la rupture d'un certain complexe d'infériorité qui, de façon inconsciente, bien sûr, l'empêchait d'aborder certains sujets et l'enfermait dans un horizon provincial. Avant lui, il semblait téméraire ou illusoire, pour l'un de nous, de se promener dans la culture univer-selle comme pouvait le faire un Européen ou un Nord-Américain. Certains poètes modernistes l'avaient, certes, fait avant lui, mais ces incur-sions, même celles du plus notable – Rubén Darío – tenaient du *pastiche*, du papillonne-ment superficiel et un peu frivole en territoire étranger. Il se trouve que l'écrivain latino-améri-cain avait oublié quelque chose qu'en revanche nos classiques, comme l'Inca Garcilaso ou Sor Juana Inés de la Cruz, n'avaient jamais mis en doute : à savoir qu'ils appartenaient, par droit de langue et d'histoire, à la culture occidentale. Pas de simples épigones de cette tradition, ni des colonisés, mais des composants légitimes de cette culture depuis que, quatre siècles et demi plus tôt, Espagnols et Portugais en avaient étendu les frontières jusqu'à l'hémisphère austral. Avec Borges cela devint à nouveau une évidence, car il administra la preuve qu'appartenir à cette culture n'ôtait à l'écrivain latino-américain ni souveraineté ni originalité.

Peu d'écrivains européens ont assumé de façon aussi pleine et aussi juste l'héritage de l'Occident que ce poète et conteur de la périphérie. Qui, parmi ses *contemporains*, se promena avec autant de désinvolture parmi les mythes scandinaves, la poésie anglo-saxonne, la philosophie allemande, la littérature du Siècle d'or, les poètes anglais, Dante, Homère, les mythes et légendes du Moyen et de l'Extrême-Orient que l'Europe traduisit et divulgua ? Mais cela n'a pas fait de Borges un « Européen ». Je me rappelle la surprise de mes élèves, au Queen Mary College de l'université de Londres, dans les années 1960, avec qui nous étudions *Fictions* et *L'Aleph,* quand je leur dis qu'en Amérique latine certains accusaient Borges d'être « européanisé », en quelque sorte, un écrivain anglais.

Ils ne pouvaient pas le comprendre. Cet écrivain, dont les récits mêlaient tant de pays, d'époques, de sujets et de références culturelles dissemblables, leur apparaissait aussi exotique que le cha-cha-cha (alors à la mode). Ils ne se trompaient pas. Borges n'était pas un écrivain prisonnier d'une tradition nationale, comme peut l'être souvent l'écrivain européen, et cela facilitait ses déplacements dans l'espace culturel, où il évoluait avec désinvolture grâce aux nombreuses langues qu'il possédait. Son cosmopolitisme, cette avidité à s'emparer d'un espace culturel aussi vaste, à s'inventer un passé personnel avec celui des autres, est une façon profonde d'être argentin, c'est-à-dire latino-américain. Mais dans son cas, ce commerce intense avec la littérature européenne fut aussi une façon de se composer une géographie personnelle, une façon d'être Borges. Ses curiosités et ses démons intimes tissèrent une trame culturelle propre, d'une grande originalité, faite d'étranges combinaisons, où la prose de Stevenson et *Les Mille et Une Nuits* (traduites par des Anglais et par des Français) côtoyaient les gauchos de *Martín*

Fierro[8] et les personnages des sagas islandaises, et où deux mauvais garçons – *compadritos* – d'un Buenos Aires plus rêvé qu'évoqué échangeaient des coups de couteau lors d'une rixe qui semblait prolonger celle qui, au haut Moyen Âge, amena deux théologiens chrétiens à mourir sur le bûcher. Sur l'insolite scène borgésienne défilent, comme dans l'« aleph » de la cave de Carlos Argentino, les créatures et les sujets les plus hétérogènes. Mais contrairement à ce qui se passe sur cet écran passif qui se borne à reproduire chaotiquement les ingrédients de l'univers, dans l'œuvre de Borges ils sont tous réconciliés et valorisés par un point de vue et une expression verbale qui leur donnent un profil autonome.

Et c'est un autre domaine où l'écrivain latino-américain doit beaucoup à l'exemple de Borges. Il ne nous a pas montré seulement qu'un Argentin pouvait parler de Shakespeare en toute connaissance de cause, ou concevoir

---

8. Le poème *Martín Fierro*, publié en 1872, par l'écrivain argentin José Hernández, a transformé la figure du gaucho de la pampa en mythe et symbole de l'Argentine.

des histoires plausibles situées à Aberdeen, mais qu'il pouvait aussi révolutionner sa tradition stylistique. Attention : j'ai parlé d'exemple, ce qui n'est pas la même chose qu'influence. La prose de Borges, par sa furieuse originalité, a causé des ravages chez d'innombrables admirateurs qui ont porté à la parodie pure l'usage de certains verbes, images ou façons d'adjectiver bien à lui. C'est l'influence que l'on détecte aussitôt, parce que Borges est l'un des écrivains de notre langue qui est parvenu à créer un mode d'expression aussi personnel, une musique verbale (pour le dire avec ses mots) aussi propre, que les plus illustres classiques : Quevedo (qu'il admira tant) ou Góngora (qui ne lui plaisait pas trop). La prose de Borges se reconnaît à l'oreille ; parfois il suffit d'une phrase, voire d'un simple verbe (conjecturer, par exemple, ou fatiguer au sens de tourmenter) pour savoir qu'il s'agit de lui.

Borges a perturbé la prose littéraire espagnole d'une façon aussi profonde que l'a fait, auparavant, en poésie, Rubén Darío. La différence entre les deux c'est que Darío introduisit des manières et des sujets qu'il importa de

France, en les adaptant à son idiosyncrasie et à son monde, et qui, d'une certaine façon, exprimaient les sentiments (le snobisme, parfois) d'une époque et d'un milieu social. Aussi ont-ils pu être utilisés par bien d'autres sans que pour autant les disciples perdent leur propre voix. La révolution de Borges est *unipersonnelle* ; elle le représente, lui et, seulement d'une façon très indirecte et ténue, l'atmosphère où il se forma et qu'il aida décisivement à se constituer (celle de la revue *Sur*). Aussi, chez tout autre que lui, son style ressemble à une caricature.

Mais cela ne diminue évidemment pas son importance ni ne rabaisse le moins du monde l'immense plaisir qu'on a à lire sa prose, une prose que l'on peut savourer, mot à mot, comme un mets exquis. Une prose révolutionnaire, dans le sens où l'on y trouve presque autant d'idées que de mots, car sa précision et sa concision sont absolues, ce qui n'est pas rare dans la littérature anglaise voire française, mais qui, en revanche, dans celle de langue espagnole, ne compte que de rares précédents. Un personnage borgésien, le peintre Marta Pizarro (du *Duel*), lit Lugones et Ortega y

Gasset, et ces lectures, dit le texte, confirment « son soupçon que la langue à laquelle elle était prédestinée est moins apte à l'expression de la pensée ou des passions qu'à la vanité bavarde ». Blague à part, si l'on y supprime « passions », la sentence a quelque chose de vrai. L'espagnol, comme l'italien ou le portugais, est une langue bavarde, abondante, exubérante, d'une formidable expressivité émotionnelle, mais, pour cela même, conceptuellement imprécise. Les œuvres de nos grands prosateurs, à commencer par celle de Cervantès, apparaissent comme de superbes feux d'artifice où chaque idée défile précédée et entourée d'une cour somptueuse de majordomes, galants et pages dont la fonction est décorative. La couleur, la température et la musique importent autant dans notre prose que les idées, et dans certains cas – Lezama Lima, par exemple – davantage. Il n'y a dans ces excès rhétoriques typiques de l'espagnol rien de blâmable : ils expriment le caractère profond d'un peuple, une manière d'être où l'émotif et le concret prévalent sur l'intellectuel et l'abstrait. C'est fondamentalement la raison pour laquelle un Valle-Inclán, un Alfonso

Reyes, un Alejo Carpentier ou un Camilo José Cela – pour citer quatre magnifiques prosateurs – sont (comme disait Gabriel Ferrater) si *numerosos* – proliférants – dans leur écriture. L'inflation de leur prose ne les rend ni moins intelligents ni plus superficiels qu'un Valéry ou un T. S. Eliot. Ils sont, simplement, différents, comme le sont les peuples ibéro-américains des anglais ou français. Les idées se formulent et se captent mieux chez nous quand elles s'incarnent dans des sensations et des émotions, ou s'incorporent de quelque façon au concret, au vécu immédiat, que dans un discours logique. (C'est la raison d'être, sans doute, d'une littérature si riche et d'une philosophie si pauvre en espagnol, et cela explique pourquoi le plus illustre penseur moderne de la langue, Ortega y Gasset, était surtout un littérateur.)

À l'intérieur de cette tradition, la prose littéraire créée par Borges est une anomalie, une forme qui désobéit intimement à la prédisposition naturelle de la langue espagnole à l'excès, en optant pour la plus stricte économie. Dire qu'avec Borges l'espagnol devient « intelligent » peut sembler offensant pour les autres écrivains de cette langue, mais cela ne l'est pas. Car ce que j'essaie de dire (de cette manière « proliférante » que je viens de décrire) c'est que, dans ses textes, il y a toujours un plan conceptuel et logique qui prévaut sur tous les autres, qui sont toujours à son service. Le sien est un monde d'idées, décontaminées et claires – également insolites –, que les mots expriment avec une pureté et une rigueur extrêmes, qu'ils ne trahissent ni ne relèguent jamais au second plan. « Il n'y a pas de plaisir plus complexe que la pensée et c'est à lui que nous nous adonnons », dit le narrateur de *L'Immortel*, dans des phrases qui dépeignent Borges tout entier. Le conte est une allégorie de son monde fictif, où l'intellectuel dévore et défait toujours le physique.

En forgeant un style de cette nature, qui représentait si authentiquement ses goûts et sa formation, Borges a radicalement innové dans notre tradition stylistique. Et en l'épurant, en l'intellectualisant et en le colorant à sa façon si personnelle, il a démontré que l'espagnol – la langue envers laquelle il était parfois aussi sévère que son personnage de Marta Pizarro – était potentiellement beaucoup plus riche et souple que cette tradition ne semblait l'indiquer, car, à condition qu'un écrivain de son génie veuille s'y prêter, il était capable de devenir aussi lucide et logique que le français et aussi rigoureux et nuancé que l'anglais. Aucune autre œuvre que celle de Borges ne peut mieux nous apprendre qu'en matière de langage littéraire rien n'est définitivement fait ni dit, mais toujours à faire.

Le plus intellectuel et abstrait de nos écrivains fut en même temps un excellent conteur, dont on lit la plupart des récits avec un intérêt fasciné, comme des histoires policières, genre qu'il cultiva en l'imprégnant de métaphysique. Il a eu, en revanche, une attitude dédaigneuse envers le roman, dont évidemment la tendance au réalisme le gênait, genre qui, *malgré* Henry James et quelque autre illustre exception, est condamné à se confondre avec la totalité de l'expérience humaine – les idées et les instincts, l'individu et la société, le vécu et le purement spéculatif et artistique. Cette imperfection congénitale du genre romanesque – sa dépendance de la boue humaine – était intolérable pour lui. Aussi écrivit-il en 1941 dans le prologue du *Jardin aux sentiers qui bifurquent* : « Délire laborieux et appauvrissant que de composer de vastes livres, de développer en cinq cents pages une idée que l'on peut très bien exposer oralement en quelques minutes. » La phrase présuppose que tout livre est une digression intellectuelle, le développement d'un argument ou d'une thèse. Si c'était vrai, les détails d'une fiction ne seraient que l'habillage superflu d'une poignée de concepts, susceptibles d'être isolés et extraits comme la perle qui niche dans la coquille. Le *Quichotte, Moby Dick, La Chartreuse de Parme, Les Démons* sont-ils réductibles à un certain nombre d'idées ? La phrase ne peut servir de définition au roman, mais elle est assurément l'indice éloquent de ce que sont les fictions de Borges : conjectures, spéculations, théories, doctrines, sophismes.

Le conte, par sa brièveté et sa condensation, était le genre le plus adapté à ces thèmes qui l'incitaient à créer et qui, grâce à sa maîtrise de l'artifice littéraire, perdaient de leur caractère abstrait pour se nourrir de charme, voire de dramatisme : le temps, l'identité, le rêve, le jeu, la nature du réel, le double, l'éternité.

Ces préoccupations apparaissent sous forme d'histoires qui commencent souvent astucieusement par des détails de grande précision réaliste et des notes, parfois, de couleur locale, pour ensuite, insensiblement ou brusquement, s'orienter vers le fantastique, ou s'évanouir en une spéculation de caractère philosophique ou théologique. Là, les faits ne sont jamais ce qu'il y a de plus important, de véritablement original, mais les théories qui les expliquent, les interprétations auxquelles ils se prêtent. Pour Borges, comme pour son personnage fantomatique de *Utopie d'un homme qui est fatigué*, les faits « sont de purs points de départ pour l'invention et le raisonnement ». Le réel et l'irréel s'intègrent par le style et le naturel avec lequel le narrateur circule parmi eux, étalant, en général, une érudition moqueuse et stupéfiante, ainsi qu'un scepticisme souterrain qui rabaisse ce qu'il pouvait y avoir d'excessif dans cette connaissance.

Chez un écrivain aussi sensible – et une personne aussi polie et fragile, surtout depuis que sa croissante cécité en avait fait quasiment un invalide –, certains seront surpris de trouver dans ses contes pareille quantité de sang et de violence. Ils auront tort : la littérature est une réalité compensatoire et elle est pleine de cas comme le sien. Couteaux, crimes, tortures abondent dans ses pages ; mais ces cruautés sont tenues à distance par la fine ironie qui, comme un halo, les entoure d'ordinaire et par le rationalisme glacial de sa prose qui ne s'abandonne jamais à l'effet et à l'émotion. Cela confère à l'horreur physique une qualité statuaire, de fait artistique, de réalité déréalisée.

Il fut toujours fasciné par la mythologie du « mauvais garçon » du faubourg ou du « joueur du couteau » de la pampa, ces hommes physiques, à la bestialité innocente et aux libres instincts, qui étaient aux antipodes de sa personnalité. Il en peupla maints récits, leur conférant une dignité borgésienne, c'est-à-dire esthétique et intellectuelle. Il est évident que tous ces tueurs, hommes de main et assassins truculents, qu'il inventa sont aussi littéraires – aussi irréels – que ses personnages fantastiques. Qu'ils portent parfois un poncho, ou qu'ils parlent d'une façon qui feint d'être celle des voyous créoles ou celle des gauchos de la province, ne les rend pas plus réalistes que les hérésiarques, les mages, les immortels et les érudits de tous les confins du monde d'aujourd'hui ou du lointain passé qui peuplent ses histoires. Ils procèdent tous, non de la vie mais de la littérature. Ils sont avant tout et surtout des idées, magiquement incarnées grâce aux savantes combinaisons de mots d'un grand prestidigitateur littéraire.

Chacun de ses contes est un joyau artistique et certains – comme *Tlön, Uqbar, Orbis Tertius, Les Ruines circulaires, Les Théologiens, L'Aleph* – des chefs-d'œuvre du genre. Aux thèmes inattendus et subtils s'ajoute toujours une architecture impeccable, strictement fonctionnelle. L'économie de moyens est maniaque : jamais un élément ou un mot de trop, quoique souvent certains ingrédients aient été escamotés pour faire travailler l'intelligence du lecteur. L'exotisme est un élément indispensable : les événements arrivent dans des lieux distants dans l'espace et le temps que cet éloignement rend pittoresques, ou dans des faubourgs portègnes[9] chargés de mythologie. Dans un de ses fameux prologues, Borges dit d'un personnage : « Le sujet de la chronique était turc[10] ; je le fis italien pour le sentir plus facilement. » En vérité, ce qu'il avait coutume de faire, c'était l'inverse ; plus ses personnages étaient distants de lui et de ses lecteurs, mieux il pouvait les manipuler en leur attribuant les merveilleuses propriétés dont ils sont doués ou rendre plus convaincantes leurs souvent inconcevables expériences. Mais l'exotisme et la couleur locale des contes de Borges sont très différents de ceux qui caractérisent la littérature régionaliste, chez des écrivains tels que Ricardo Güiraldes ou Ciro Alegría, par exemple. Chez ces derniers, l'exotisme est involontaire, il résulte d'une vision excessivement provinciale et locale du paysage et des mœurs d'un milieu que l'écrivain régionaliste identifie au monde. Chez Borges l'exotisme

---

9. De Buenos Aires, du « port ».

10. Désigne en Amérique latine, et plus spécialement au Río de la Plata, des immigrants originaires du Moyen-Orient (Syrie, Liban, Palestine…), sous domination turque, dans les années 1920.

est un alibi pour échapper de façon rapide et insensible au monde réel, avec le consentement – ou du moins l'inadvertance – du lecteur, pour gagner cette irréalité qui, pour Borges, comme le croit le héros du *Miracle secret*, est « la condition de l'art ».

L'érudition est le complément inséparable de l'exotisme dans ses contes, un savoir spécialisé, presque toujours littéraire, mais aussi philologique, historique, philosophique ou théologique. Ce savoir s'étale avec aplomb et insolence, jusqu'aux limites mêmes de la pédanterie, mais sans jamais les dépasser. La culture de Borges était immense, mais la présence d'une telle érudition dans ses récits n'a évidemment pas pour but de le faire savoir au lecteur. Il s'agit, en fait, d'un moyen clé de sa stratégie créatrice, très semblable à celle des lieux ou personnages « exotiques » : infuser aux histoires une certaine coloration, les doter d'une atmosphère *sui generis*. En d'autres termes, elle remplit une fonction exclusivement littéraire qui dénature ce que cette érudition contient de connaissance spécifique, en la remplaçant ou en la subordonnant à la tâche qu'elle accomplit dans le récit : tantôt décorative, tantôt symbolique. Ainsi, dans les contes de Borges, la théologie, la philosophie, la linguistique et tout ce qui apparaît comme savoir spécialisé devient littérature, perd son essence et acquiert le statut de fiction, redevenant partie et contenu d'une fantaisie littéraire.

« Je suis pourri de littérature », dit Borges à Luis Harss, l'auteur de *Los Nuestros* [*Les Nôtres*[11]] Pas seulement lui : le monde fictif qu'il a inventé est également imprégné jusqu'à la moelle de littérature. C'est un des mondes les plus littéraires qu'aucun écrivain ait créé, parce que chez lui les personnages, les mythes et les mots forgés par d'autres écrivains au cours des âges comparaissent en nombre et continûment, et d'une façon si vivante qu'ils usurpent en quelque sorte le contexte de toute œuvre littéraire, qui est d'ordinaire le monde

---

11. *Cf.* Harss (Luis) et Dohmann (Barbara), *Portraits et propos* (*Into the mainstream*, 1967), traduit de l'anglais par René Hilleret, Gallimard, « La Croix du Sud », 1970 (Miguel Angel Asturias – Jorge Luis Borges – Alejo Carpentier – Julio Cortázar – Carlos Fuentes – Gabriel García Márquez – João Guimarães Rosa – Juan Carlos Onetti – Juan Rulfo – Mario Vargas Llosa).

objectif. Point d'autre référent à la fiction borgésienne que la littérature. « J'ai vécu peu. J'ai lu beaucoup. Mieux dit : il m'est arrivé peu de chose qui soit plus digne de mémoire que les idées de Schopenhauer ou la musicalité de la langue anglaise », écrit-il avec coquetterie dans l'épilogue de *L'Auteur*. La phrase ne doit pas être prise au pied de la lettre, car toute vie humaine réelle, pour paisible qu'elle ait été, recèle plus de richesse et de mystère que le plus profond poème ou le système de pensée le plus complexe. Mais elle nous parle d'une vérité insidieuse sur la nature de l'art de Borges qui, plus qu'aucun autre produit de la littérature moderne, métabolise, à sa façon, la littérature universelle. Cette œuvre narrative, relativement brève, est remplie de résonances et de pistes qui conduisent aux quatre points cardinaux de la géographie littéraire. Et c'est à elle qu'est dû, sans doute, l'enthousiasme qu'elle éveille d'ordinaire parmi les praticiens de la critique heuristique, qui peuvent s'éterniser sur la trace et l'identification d'infinies sources borgésiennes. Travail ardu, sans doute, et de surcroît inutile, car ce qui donne leur grandeur et leur originalité à ces contes ce ne sont pas les matériaux utilisés mais leur transformation : un petit univers fictif, peuplé de tigres et de lecteurs hautement cultivés, saturé de violence et d'étranges sectes, de lâchetés et d'héroïsmes laborieux, où le verbe et le rêve jouent le rôle de réalité objective et où le raisonnement intellectuel de l'imagination prévaut sur toutes les autres manifestations de la vie.

C'est un monde fantastique, mais seulement au sens qu'on y trouve des êtres surnaturels et des circonstances prodigieuses. Pas au sens où Borges, par une de ses provocations auxquelles il était habitué depuis sa jeunesse « ultraïste[12] » et auxquelles il n'a jamais renoncé, le qualifiait parfois de monde irresponsable, ludique, en divorce avec l'histoire et même l'humain. Bien qu'il y ait sans doute dans son œuvre une grande part de jeu, et plus de doutes que de certitudes sur les questions essentielles de la vie et de la

---

12. L'ultraïsme, mouvement littéraire espagnol importé en Argentine par Borges, repose avant tout sur la métaphore, que ce dernier définit, dans *Autour de l'ultraïsme*, comme « une identification volontaire de deux ou plusieurs concepts distincts dans le but de provoquer des émotions ».

mort, le destin humain et l'au-delà ne sont pas un monde coupé de la vie et de l'expérience quotidienne, sans racine sociale. Ce monde s'établit aussi sur les avatars de l'existence, ce fonds commun de l'espèce, comme toutes les œuvres littéraires qui ont perduré. Pouvait-il en être autrement ? Aucune fiction refusant la vie et incapable d'éclairer – de racheter – son lecteur sur quelque aspect n'a atteint à la permanence. La singularité du monde borgésien consiste en ce que, chez lui, l'existentiel, l'histoire, le sexe, la psychologie, les sentiments, l'instinct, etc., se sont dissous et réduits à une dimension exclusivement intellectuelle. Et la vie, ce tumulte bouillant et chaotique, parvient au lecteur sublimée et conceptualisée, transmuée en mythe littéraire par le filtre borgésien, un filtre d'un souci logique si achevé et parfait qu'il semble, parfois, ne pas nous en donner la quintessence, mais plutôt abolir la vie.

Poésie, conte et essai se complètent dans l'œuvre de Borges au point qu'il est parfois difficile de savoir à quel genre appartiennent ses textes. Certaines de ses poésies racontent des histoires et maints récits (les plus brefs, surtout) ont la compacte condensation et la délicate structure de poèmes en prose. Mais l'essai et le conte sont surtout les genres qui échangent le plus d'éléments dans le texte borgésien, jusqu'à dissoudre leurs frontières et se confondre en une seule entité. L'apparition de *Feu pâle* de Nabokov, roman où il se passe quelque chose de similaire – une fiction qui prend l'apparence de l'édition critique d'un poème –, fut saluée par la critique en Occident comme un tour de force. Ça l'est, en effet. Mais assurément Borges faisait le même tour d'illusionniste depuis des années et avec une maîtrise identique. Quelques-uns de ses récits les plus élaborés, tels que *L'Approche d'Al-motásim, Pierre Ménard, auteur du Quichotte et Examen de l'œuvre d'Hubert Quain*, feignent d'être des notices bibliographiques. Et, dans la plupart de ses contes, l'invention, la fabrication d'une réalité fictive suivent un chemin sinueux qui se camoufle en évocation historique ou en digression philosophique ou théologique. Comme la base intellectuelle de ces acroba-ties est très solide, car Borges sait toujours ce qu'il dit, la nature fictionnelle de ces contes est ambiguë, vérité mensongère ou mensonge vrai, et c'est un des traits les plus typiques du monde borgésien. Et l'inverse peut se dire de maints essais, tels que *Histoire de l'éternité* ou son *Manuel de zoologie fantastique* où, dans les interstices d'une solide connaissance, s'infiltre comme une substance magique un élément ajouté, d'imagination et d'irréalité, d'invention pure, qui les transforme en fictions.

Il n'est d'œuvre littéraire, pour riche et achevée qu'elle soit, qui ne recèle sa part d'ombre. Dans le cas de Borges, elle souffre, par moments, d'ethnocentrisme culturel. Le Noir, l'Indien, le primitif en général apparaissent souvent dans ses contes comme des êtres ontologiquement inférieurs, plongés dans une barbarie qu'on ne qualifierait pas d'historiquement ou de socialement circonstanciée, mais de connaturelle à une race ou à une condition. Ils représentent une infra-humanité, fermée à ce qui pour Borges est l'humain par excellence : l'intellect et la culture littéraire. Rien de cela n'est explicitement affirmé ni n'est, peut-être, conscient ; cela transpire, apparaît au détour d'une phrase, ou c'est l'hypothèse de comportements déterminés. Comme pour T. S. Eliot, Papini ou Pío Baroja, la civilisation pour Borges ne pouvait être qu'occidentale, urbaine et, presque presque, blanche. L'Orient s'en tirait, mais comme appendice, c'est-à-dire filtré par les versions européennes du chinois, du persan, du japonais ou de l'arabe. D'autres cultures, qui font également partie de la réalité latino-américaine – comme l'indienne et l'africaine –, peut-être par leur faible présence dans la société argentine où il passa la majeure partie de sa vie, figurent dans son œuvre comme un contraste plus que comme d'autres variantes de l'humain. C'est là une limite qui n'appauvrit pas les autres admirables valeurs de l'œuvre de Borges, mais qu'il convient de ne pas éluder à l'intérieur d'une appréciation d'ensemble de ce qu'elle signifie. Une limite qui, peut-être, est un autre indice de son humanité, puisque, comme on l'a répété tant de fois, la perfection absolue ne semble pas être de ce monde, pas même dans des œuvres artistiques de créateurs qui, à l'instar de Borges, ont été le plus près d'y parvenir.

Marbella, 15 octobre 1987

V

BORGES À PARIS

La France a célébré en grande pompe le centenaire de Borges (1899-1999) : numéros spéciaux de revues et suppléments littéraires, avalanche d'articles, rééditions de ses livres et, suprême gloire pour un écrivain, son entrée dans la *Pléiade*, la bibliothèque des immortels, avec deux gros volumes et un Album de la Pléiade riche d'images de toute sa biographie. À l'Académie des beaux-arts, aménagée en labyrinthe, une vaste exposition préparée par María Kodama[13] et la Fondation Borges rend compte de chacun de ses pas depuis sa naissance jusqu'à sa mort, des livres qu'il a lus et qu'il a écrits, des voyages qu'il a faits et de la foule de décorations et de diplômes qui lui

___
13. Ultime compagne – et épouse – de Borges.

ont été décernés. Le jour de l'inauguration, l'enceinte était noire de monde, avec ses stars intellectuelles et politiques et, pour incroyable que cela soit, de mignonnes demoiselles vêtues de T-shirts noir et blanc portant imprimé le nom de Borges.

Aucun pays n'a mieux développé que la France l'art de détecter le génie artistique étranger et, en l'intronisant et en le faisant rayonner, de se l'approprier. À voir l'exubérance et le bonheur avec lesquels les Français célèbrent le centenaire de l'auteur de *Fictions*, j'ai eu ces jours-ci l'étrange impression que Borges avait été le compatriote, non de Sarmiento et de Bioy Casares, mais de Saint-John Perse et de Valéry. Ceci dit, il faut malgré tout reconnaître que, sans l'enthousiasme de la France pour son œuvre, celle-ci n'aurait peut-être pas atteint – en tout cas pas si vite – la reconnaissance qui, dès les années 1960, a fait de lui l'un des auteurs les plus traduits, les plus admirés et imités dans toutes les langues de culture de la planète.

J'ai la coquetterie de croire que je fus témoin du *coup de foudre* ou de l'amour immédiat des

Français pour Borges, en 1960 ou 1961. Il était venu à Paris participer à un hommage à Shakespeare organisé par l'Unesco, et l'intervention de ce vieillard précoce et à demi invalide, que Roger Caillois présenta dans sa rhétorique bouillonnante, surprit tout le monde. Avant lui s'était exprimé l'ingénieux Lawrence Durrel, qui avait comparé le Barde et Hollywood, puis Giuseppe Ungaretti, qui avait lu, avec un talent histrionique, ses traductions en italien de quelques sonnets de Shakespeare. Mais l'exposé de Borges se demandant, dans un français soigné, pourquoi certains créateurs deviennent des symboles d'une culture – Dante en Italie, Cervantès en Espagne et Goethe en Allemagne – et comment Shakespeare s'était éclipsé pour rendre plus nets et plus libres ses personnages, séduisit par son originalité et sa subtilité. Quelques jours après, la conférence qu'il donna à l'Institut d'Amérique latine attira non seulement les foules, mais un éventail d'écrivains à la mode, parmi lesquels Roland Barthes. C'est une des plus éblouissantes causeries qu'il m'ait été donné d'entendre. Le thème en était la littérature fantastique et consistait à illustrer de brefs résumés de nouvelles et de romans – de diverses langues et époques –, les procédés les plus fréquents auxquels ce genre a recours pour « feindre l'irréalité ». Immobile derrière son pupitre, d'une voix intimidée, comme pour s'excuser, mais, en réalité, superbement désinvolte, le conférencier semblait avoir en mémoire la littérature universelle et développait son argumentation avec autant d'élégance que d'astuce. « Est-ce bien vrai que cet écrivain vient du pays des gauchos ? » s'écria, émerveillé, un spectateur qui applaudissait à tout rompre (Borges avait mis le point final à sa causerie avec une question à effet : « Et maintenant, décidez vous-même si vous appartenez à la littérature réaliste ou à la littérature fantastique »).

Oui, il venait du pays des gauchos, mais il n'avait rien d'exotique ni de primitif, et son œuvre ne brillait pas par la couleur locale. Il avait déjà écrit plusieurs chefs-d'œuvre, mais n'était encore connu que par les petites chapelles à sa dévotion, même dans son pays, et ses contes et ses essais circulaient

dans des éditions nullement familières. La
France, à partir de cette visite, l'avait tiré
des catacombes où il se languissait. La revue
L'Herne lui consacra un Cahier[14] mémo-
rable et Michel Foucault ouvrit l'ouvrage de
philosophie le plus influent de la décennie
– *Les Mots et les choses* – sur un commentaire
borgésien[15]. L'enthousiasme fut œcumé-
nique : du *Figaro* au *Nouvel Observateur*, des

14. En 1964.
15. La préface de Michel Foucault aux *Mots et les choses*
(1966) s'ouvre sur ce paragraphe : « Ce livre a son lieu de naissance dans un texte de Borges. Dans le rire qui secoue à sa lecture
toutes les familiarités de la pensée – de la nôtre : de celle qui
a notre âge et notre géographie –, ébranlant toutes les surfaces
ordonnées et tous les plans qui assagissent pour nous le foison-
nement des êtres, faisant vaciller et inquiétant pour longtemps
notre pratique millénaire du Même et de l'Autre. Ce texte cite
"une certaine encyclopédie chinoise" où il est écrit que "les ani-
maux se divisent en : a) appartenant à l'Empereur, b) embau-
més, c) apprivoisés, d) cochons de lait, e) sirènes, f) fabuleux, g)
chiens en liberté, h) inclus dans la présente classification, i) qui
s'agitent comme des fous, j) innombrables, k) dessinés avec un
pinceau très fin en poils de chameau, l) et cætera, m) qui vien-
nent de casser la cruche, n) qui de loin semblent des mouches".
Dans l'émerveillement de cette taxinomie, ce qu'on rejoint d'un
bond, ce qui, à la faveur de l'apologue, nous est indiqué comme
le charme exotique d'une autre pensée, c'est la limite de la nôtre :
l'impossibilité nue de penser cela. »

Temps Modernes, de Sartre, aux *Lettres fran-*
çaises, d'Aragon. En ces années-là, il en allait
encore ainsi de la culture : la France légifé-
rait le reste du monde obéissait ; les Latino-
Américains, les Espagnols, les Américains, les
Italiens, les Allemands, etc., se sont mis, à la
remorque des Français, à lire Borges. Ainsi a
commencé l'histoire qui connaît, maintenant,
les trompettes de la renommée et les fastes du
centenaire.

Ce Borges qui, lors de cette visite à
Paris, s'est résigné à concéder un entretien
(un entre mille) à l'obscur journaliste de
la Radio-Télévision française que j'étais
alors, n'était pas encore ce Borges public,
ce monsieur aux gestes, paroles et postures
quelque peu stéréotypés qu'il allait devenir,
contraint par la gloire et pour se défendre
de ses ravages. C'était encore un simple et
timide intellectuel du Río de la Plata collé
aux jupes de sa mère, qui n'en revenait pas
de la croissante curiosité et admiration qu'il
éveillait, sincèrement accablé par l'avalanche
de prix, d'éloges, d'études et d'hommages
qui lui tombaient dessus, incommodé par

la prolifération de disciples et d'imitateurs qu'il rencontrait partout où il allait. Il est difficile de savoir s'il finit par s'habituer à ce rôle. Oui, peut-être, à en juger par le défilé vertigineux de photos de l'Exposition des beaux-arts, où on le voit recevant médailles et doctorats, et montant sur le podium pour y donner causeries et récitals.

Les apparences sont trompeuses. Ce Borges des photos n'était pas lui, mais, comme le Shakespeare de son essai, une illusion, un simulateur, quelqu'un qui allait de par le monde représentant Borges, et disant les choses qu'on attendait de Borges sur les labyrinthes, les tigres, les mauvais garçons, les couteaux, la rose du futur de Wells, le marin aveugle de Stevenson et *Les Mille et Une Nuits*. La première fois que j'ai parlé avec lui, lors de cet entretien de 1963, je suis sûr qu'à un moment donné, du moins, j'ai parlé vraiment avec lui, j'ai eu ce contact. Je l'ai vu plusieurs fois, à Londres, à Buenos Aires, à New York, à Lima, je l'ai interviewé à nouveau, et même, la dernière fois, je l'ai reçu chez moi plusieurs heures durant. Mais en aucune de ces occasions, je n'ai senti que nous parlions. Il n'avait devant lui que des auditeurs, non des interlocuteurs, et peut-être même un seul auditeur – qui changeait de visage, de nom et de lieu –, devant qui il dévidait un curieux, un interminable monologue, derrière lequel il s'était reclus ou retranché pour fuir les autres, voire la réalité, comme un de ses personnages. Il était l'homme le plus fêté au monde et dégageait une terrible impression de solitude.

Les Français l'ont-ils rendu plus heureux, ou moins malheureux, en le rendant célèbre ? Il n'y a, évidemment, aucun moyen de le savoir. Mais tout indique que, contrairement à ce que pouvaient suggérer les postures de sa personne publique, il était dépourvu de vanité terrestre, il nourrissait des doutes propres sur la pérennité de son œuvre, et était trop lucide pour se sentir comblé par la reconnaissance officielle. Il n'a probablement eu de plaisir qu'à lire, penser et écrire ; le reste fut secondaire et il s'y est prêté, grâce à la bonne éducation qu'il avait reçue, en respectant bien les formes, quoique sans grande conviction. Aussi cette fameuse phrase qu'il écrivit (il fut, entre autres choses, le meilleur auteur de phrases de son temps) – J'ai lu beaucoup de choses et en ai vécu peu – le résume de la tête aux pieds.

Bien qu'il ait passé les dernières vingt années de sa vie en odeur de multitudes, il est certain qu'il ne parvint jamais à la claire conscience de l'immense influence de son œuvre sur la littérature de son temps, et moins encore de la révolution que sa façon d'écrire pouvait représenter en langue espagnole. Le style de Borges est intelligent et limpide, d'une concision mathématique, avec des adjectifs audacieux et des idées insolites, où, comme il n'y a rien de trop et rien ne manque, nous frôlons à chaque pas cet inquiétant mystère qu'est la perfection. À l'encontre de quelques-unes de ses affirmations pessimistes sur une prétendue incapacité de l'espagnol à la précision et à la nuance, le style qu'il a forgé démontre que l'espagnol peut être aussi exact et délicat que le français, aussi souple et innovant que l'anglais. Le style borgésien est l'un des miracles esthétiques du siècle qui s'achève, un style qui a dégonflé la langue espagnole de son éléphantiasis rhétorique, de l'emphase et de la réitération qui l'asphyxiaient, qui l'a épurée presque jusqu'à l'anorexie et l'a obligée à être lumineusement intelligente. (Pour trouver un autre prosateur aussi intelligent que lui, il faut remonter à Quevedo, un écrivain que Borges aima et dont il fit une précieuse anthologie commentée).

Ceci dit, dans la prose de Borges, par excès de raison et d'idées, ou de contention intellectuelle, il y a aussi, comme dans celle de Quevedo, quelque chose d'inhumain. C'est une prose qui lui a permis d'écrire merveilleusement ses fulgurants récits fantastiques, l'orfèvrerie de ses essais qui transmuaient en littérature toute l'existence, et ses poèmes raisonnés. Mais avec cette prose il aurait été aussi impossible d'écrire des romans qu'avec celle de T. S.Eliot, un autre extraordinaire styliste chez qui l'excès d'intelligence rogna également l'appréhension de la vie. Car le roman est le territoire de l'expérience humaine totalisée, de la vie intégrale, de l'imperfection qui mêlent l'intellect et les passions, la connaissance et l'instinct, la sensation et l'intuition, matière inégale et polyédrique que les idées à elles seules ne suffisent pas à exprimer. Aussi, les grands romanciers ne sont-ils jamais des prosateurs *parfaits*. C'est la raison, sans doute, de l'antipathie tenace de Borges pour le genre romanesque, qu'il définit, dans une autre de ses célèbres phrases, comme un « égarement laborieux et appauvrissant ».

Le jeu et l'humour parcourent toujours ses textes et ses déclarations provoquant d'innombrables malentendus. Qui manque du sens de l'humour ne peut comprendre Borges. Il avait été dans sa jeunesse un esthète provocateur, et bien qu'ensuite il se soit rétracté de l'« erreur ultraïste » de ses jeunes années, il ne cessa jamais de porter en lui, caché, l'insolent avant-gardiste qui s'amusait à lâcher des impertinences. Je m'étonne que, parmi les livres infinis qui sont sortis sur lui, il n'y en ait pas encore un qui réunisse un florilège de ces phrases. Comme d'appeler Lorca « un Andalou professionnel », de parler du « poussiéreux Machado », de jouer sur le titre d'un roman de Mallea (« Tout lecteur périra »)[16] et de rendre hommage à Sábato en disant que « son œuvre peut être mise entre les mains de quiconque sans aucun danger ». Lors de la guerre des Malouines il en sortit une autre, plus risquée et non moins drôle : « Ce sont deux chauves qui se disputent un peigne. » Ces étincelles d'humour sont gratifiantes et révèlent qu'à l'intérieur de cet être « pourri de littérature » il y avait de l'espièglerie, de la malice, de la vie.

Paris, mai 1999

---

16. Borges dit « *Todo lector perecerá* », en se moquant du titre du roman de Eduardo Mallea *Todo verdor perecerá*, remplaçant donc « verdure » par « lecteur ».

VI

BORGES, POLITIQUE

Comme Borges a presque toujours écrit des textes courts, on croit à tort que son œuvre est fort brève. En réalité, elle est immense, comme le prouvent les recueils posthumes qui chaque année, chaque mois, pleuvent sur ses légitimes admirateurs, toujours plus nombreux, et les accablent. Bon nombre de ces publications sont convenues et intéressées, ce sont des ouvrages de commande composés d'articles ou de notes éditées contre la volonté de leur auteur, qui ne les considérait pas dignes de la relative pérennité que représente le livre. Mais certaines d'entre elles sont les bienvenues, parce qu'elles sauvent de l'oubli des textes intéressants qui enrichissent nos connaissances sur l'univers de Borges.

C'est le cas de *Borges en « SUR » (1931-1989)* (Buenos Aires, Emecé, 1999), compilation de Sara Luisa del Carril et Mercedes Rubio de Socchi, qui rassemble tous ses textes publiés dans la revue *Sur* « qui demeuraient hors d'atteinte du public ». Ce volume, bien que composé de notes, de comptes rendus de livres et de films, de lettres, de discours, de questionnaires et d'autres textes de commande, se lit néanmoins avec le même plaisir que les essais, voire les récits réunis en livre par Borges lui-même. Ils sont, en effet, écrits dans ce merveilleux style qui n'appartient qu'à lui, prodige de précision et d'intelligence, plein d'ironie (qui pouvait être assassine dans les polémiques, comme en témoigne sa réponse à Ezequiel Martínez Estrella, qui l'avait traité de « thuriféraire à la solde » de la dictature militaire), d'humour et d'une d'immense culture littéraire. Gide raconte dans son *Journal* que ses camarades de rédaction et lui avaient voulu faire de la rubrique habituellement la moins bien considérée – les notes et les comptes rendus, généralement caractérisés par la complaisance et le remplissage – la plus créative et la plus rigoureuse de *La Nouvelle Revue française*, et que c'est à ce matériau, autant qu'à l'importance des signatures, que la publication avait dû son prestige. On pourrait en dire autant de *SUR* où, presque à chaque livraison, Borges se chargeait d'écrire de petits textes de circonstance. À la lecture de ce recueil, nous découvrons qu'ils constituent l'âme de la grande revue argentine, fondée et dirigée par Victoria Ocampo. Certes, en la fondant et en la dirigeant, elle a rendu un immense service à son pays, à l'Amérique latine et à la langue espagnole, mais c'est Borges qui lui a donné sa personnalité et son caractère, et lui a imprimé son orientation – ses manies et ses phobies –, sa rigueur intellectuelle et une certaine exigence morale. Ces textes révèlent, avec un goût sûr et exigeant, cette influence, à chaque page, à chaque ligne : une curiosité intellectuelle qui embrasse toutes les langues, toutes les cultures (l'anglaise de préférence), le rejet formel du pittoresque régional ou folklorique, de la littérature au service de la religion ou de l'idéologie, du nationalisme ou du chauvinisme comme alibis culturels.

Ces textes permettent également d'avoir une vision assez claire des idées et des attitudes politiques de Borges, sujet très controversé encore, plus riche en stéréotype et caricature qu'en savoir. Certes, Borges faisait preuve d'une indifférence dédaigneuse à l'égard de la politique (« une des formes de l'ennui », m'avait-il dit quand je l'avais interviewé pour la première fois, en 1964, à Paris), mais cela ne suffit pas à le cataloguer comme apolitique : mépriser la politique est une prise de position aussi politique que de l'adorer. À vrai dire, ce dédain découlait de son scepticisme, de son incapacité à embrasser une quelconque foi, religieuse ou politique. Comment cet agnostique aurait-il pu adopter un enthousiasme politique, voire militer, lui qui avait relativement pris au sérieux l'idéalisme de l'évêque Berkeley et son postulat selon lequel la réalité n'existait pas, n'était qu'un mirage ou une fiction cosmique, modèle d'idées ou fantaisie du réel ? Il jouait sur ce thème, évidemment, et ce jeu consistant à proclamer l'inexistence essentielle du monde matériel, de l'histoire et de l'objectif, à imposer la fiction comme seule réalité, s'est transformé en croyance sérieuse et n'a pas seulement fourni à son œuvre un sujet récurrent, mais s'est transsubstantié en conception de la réalité.

Cependant, ce sceptique et agnostique, incapable de croire en Dieu et allergique à toute forme d'enthousiasme partisan en matière politique, a manifesté en maintes occasions, comme le montrent ces textes, des préférences et des rejets politiques parfaitement clairs. Il s'est déclaré un jour « anarchiste spencérien », ce qui ne veut pas dire grand-chose. C'était, à vrai dire, un individualiste récalcitrant, viscéralement rétif à perdre une once de son indépendance, à tomber dans le grégarisme, ce qui faisait de lui, *ipso facto*, l'ennemi déclaré de toute doctrine et formation politique collectiviste, comme le fascisme, le nazisme ou le communisme, dont il fut, sa vie durant, un adversaire systématique et pugnace.

Pour l'être, dans l'Argentine des années 1930 et 1940, il fallait conviction et courage. Le péronisme visqueux s'est chargé de faire oublier aujourd'hui que Perón et son régime étaient, à cette époque, pronazis, sympathisants de l'Axe auquel ils rendirent, pendant la guerre, d'innombrables services (connus, pour certains, camouflés pour beaucoup d'autres), et que sur le plan intellectuel comme en matière politique, la dictature péroniste a été plus proche de Hitler et de Mussolini que des Alliés qu'elle n'a fini par rejoindre de manière opportuniste que lorsque la victoire était imminente. Bien qu'il ait déclaré avec sa coquetterie coutumière manquer « de toute vocation d'héroïsme, de toute faculté politique », Borges n'a cessé, durant ces années-là, de dénoncer dans ses textes « la pédagogie de la haine » et le racisme des nazis, de défendre les Juifs et de manifester sa solidarité envers les Alliés dans la guerre contre l'Allemagne. « Mentalement, le nazisme n'est rien d'autre que l'exacerbation d'un préjugé commun à tous les hommes : la certitude de la supériorité de leur patrie, de leur langue, de leur religion, de leur sang. » Comme « partisan des alliés », il a été sanctionné par le gouvernement de Perón qui l'a « rétrogradé » de sa modeste charge – agent auxiliaire dans une bibliothèque municipale du quartier Sud – à celle « d'inspecteur des oiseaux de basse-cour » (c'est-à-dire, de poulailler).

Borges a fort lucidement vu dans le nazisme l'excroissance d'un mal plus grand et plus répandu : le nationalisme. Il l'a toujours dénoncé, en matière culturelle et politique, explicitement, en utilisant les formules caustiques de son invention qui, tout en synthétisant en quelques phrases un argument complexe, démolissaient d'avance toute éventuelle réfutation. Il se moquait souvent de « ces troubles sentiments patriotiques » qui servaient à justifier la médiocrité artistique : « encenser une horreur parce qu'elle est autochtone, dormir pour la patrie, se complaire à l'ennui quand il est le fruit d'une élaboration nationale, me semble une absurdité ». Rien ne l'indignait davantage que d'être accusé, tout comme Victoria Ocampo ou *SUR*, de « manque d'argentinité ». Cette accusation, a-t-il écrit de manière lumineuse, « est le fait des nationalistes, c'est-à-dire ceux qui, d'une part, exaltent la nation, l'Argentine, et ont, en même temps, une si pauvre idée de l'argentinité qu'ils nous croient condamnés au domaine purement vernaculaire, indignes de tenter d'envisager l'universel ».

C'est pourquoi le Borges qui déclarait : « J'ai horreur du nationalisme qui est un mal de notre temps » défendit, en toute logique, l'option contraire – éprouver le monde entier comme notre patrie –, option aussi peu recevable pour la droite que pour la gauche, adversaires sur de nombreux points, mais souvent unies pour attiser le « sentiment national », et même parfois le chauvinisme démagogique. Dans un hommage posthume à Victoria Ocampo, Borges s'est montré très explicite sur sa vocation de citoyen du monde : « Être cosmopolite ne signifie pas être indifférent à un pays, et être sensible à d'autres, non. Cela représente la généreuse ambition de vouloir être sensible à tous les pays et à toutes les époques, le désir d'éternité… »

Ce n'était pas là affectation rhétorique. Il a montré le sérieux de ses convictions antinationalistes pendant la guerre des Malouines – « deux chauves se disputant un peigne », se moqua-t-il –, à laquelle il s'opposa en écrivant un poème. Il l'avait fait également à propos d'un conflit avec le Chili en signant un manifeste de protestation contre l'action du gouvernement militaire, suivi à peine par une petite poignée d'intellectuels argentins. Son horreur du nationalisme explique, en partie, son hostilité sans faille à la dictature de Perón tout au long de ses douze années d'existence (« années d'opprobre et de superbe », les appela-t-il). « Le dictateur a incarné le mal », a-t-il dit, et il a souvent rappelé par la suite, au renversement de Perón, « le bonheur que j'ai éprouvé, un matin de septembre, quand la révolution a triomphé ».

Il y a dans tout cela une cohérence que, pourtant, Borges rompt brusquement en soutenant ouvertement deux dictatures militaires en Argentine : celle qui renversa Perón (d'Aramburu et de Rojas), et celle qui mit fin au gouvernement d'Isabelita Perón (de Videla). Cet appui est en parfaite contradiction avec son identification à la cause des Alliés contre les nazis pendant la Seconde Guerre mondiale, et avec sa description tellement exacte, dans un discours prononcé en août 1946, du phénomène autoritaire : « Les dictatures fomentent l'oppression, les dictatures fomentent la servilité, les dictatures fomentent la cruauté et, ce qui est plus abominable encore, elles fomentent la bêtise. »

Comment expliquer cette contradiction ? Par des raisons, avant tout, circonstancielles. Le soulèvement militaire d'Aramburu a mis fin à l'odieuse tyrannie populiste et nationaliste de Perón qui, non contente de confisquer la démocratie argentine, s'était arrangée pour plonger dans la pauvreté et le sous-développement un des pays les plus modernes trente ans plus tôt et les plus prospères du monde. L'illusion de voir dans la fin du péronisme le retour à la démocratie peut expliquer l'enthousiasme initial manifesté par Borges pour le régime militaire. Mais ensuite, quand il devint évident qu'il ne s'agissait pas de démocratie, mais d'une nouvelle dictature – et non moins abominable que celle de Perón, même si elle était idéologiquement différente – : qui réprimait, censurait, emprisonnait et assassinait ? Il devient alors plus difficile d'expliquer par un simple mirage la sympathie de Borges pour le régime militaire, dont il a accepté, de surcroît et sans la moindre réticence, nominations et distinctions.

Il est plus difficile encore de comprendre son enthousiasme initial pour la dictature du général Videla qui mit fin à la renaissance relativement courte de la démocratie en Argentine, quand le pays, il est vrai, avait touché le fond en matière de chaos et de violence avec les outrances d'Isabelita et de López Rega, son sinistre conseiller. Mais cette dictature militaire a été l'une des plus cruelles et des plus sanguinaires de l'histoire de l'Amérique latine, une dictature qui a torturé, assassiné, censuré et réprimé avec bien plus de férocité et bien moins de scrupules que toutes celles qui l'avaient précédée. Borges a pu, il est vrai, traiter de *caballeros* ces messieurs de la junte militaire, et boire le thé avec eux à la Casa Rosada[17], mais c'était tout au début, avant que la répression ne prenne les dimensions vertigineuses qu'elle allait avoir par la suite. Plus tard, surtout à partir du différend entre l'Argentine et le Chili à propos du détroit Beagle, il a pris ses distances avec le régime militaire et l'a sévèrement critiqué. Déclarant notamment que les militaires devaient quitter

---

17. Palais présidentiel à Buenos Aires.

le gouvernement car « passer sa vie en garnison et en défilés ne donne à personne capacité pour gouverner ». En 1981, il a provoqué un scandale qui lui a valu une volée de bois vert de la part de la presse officielle lorsqu'il a affirmé que « les militaires argentins n'avaient jamais entendu siffler une balle ». Ce qui lui valut, entre autres protestations, la lettre ouverte d'un général. Mais cette prise de distance par rapport à la dictature militaire a été tardive et pas assez transparente pour effacer le terrible malaise, causé non seulement chez ses ennemis, mais aussi chez ses admirateurs les plus enthousiastes (dont je suis), par sa trop longue adhésion publique à des régimes autoritaires, aux mains tachées de sang. Comment expliquer cet aveuglement politique et éthique chez quelqu'un qui, face au nazisme, au marxisme, au nationalisme, s'était montré si lucide ?

Peut-être parce que son adhésion à la démocratie a été non seulement prudente, mais pondérée par le scepticisme que lui inspiraient son pays et l'Amérique latine. Il ne plaisantait qu'à demi quand il disait que la démocratie était un abus de statistiques, ou se demandait si les Argentins, les Latino-Américains, « mériteraient » un jour le système démocratique. Dans son for intérieur il se disait évidemment que non et que la démocratie était l'apanage de ces vieux et lointains pays qu'il aimait tant, comme l'Angleterre ou la Suisse, mais difficilement acclimatable à ces pays en cours de gestation comme celui qu'il découvrit – le sien – à son retour en Amérique latine en 1921 : « Un territoire insipide qui n'était plus la pittoresque barbarie, mais n'était pas encore la culture. » Cette citation date de 1952. En lisant la collection de textes réunis dans ce livre on a la certitude que jusqu'à sa mort (de manière symbolique, il a fini ses jours en Suisse, où il avait passé son enfance et sa jeunesse) il a toujours pensé la même chose : son pays et l'Amérique latine avaient peut-être dépassé l'état sauvage, mais il leur restait encore un long chemin à parcourir avant d'atteindre la civilisation (le territoire de la démocratie et de la culture). Cette piètre opinion du continent explique, peut-être, que ce rêveur exigeant, qui n'aurait jamais consenti à serrer la main de Franco, de

Staline ou de Hitler, ait accepté d'être reçu et décoré par le général Pinochet.

Une des absences littéraires les plus notables de ce livre est précisément l'Amérique latine. Exception faite d'Alfonso Reyes qu'il admirait, la littérature latino-américaine fait l'objet de critiques acerbes et n'apparaît qu'à travers une anthologie de poètes traduits en anglais. « Ce qu'on peut reprocher aux Huidobro, aux Peralta, aux Carrera Andrade, ce n'est pas d'avoir abusé de métaphores éblouissantes, mais, tout bonnement, de les avoir sans cesse recherchées sans jamais les trouver. » Ce mépris en traduisait un autre, plus large : « L'indigence traditionnelle de littératures dont l'espagnol est l'instrument. » Quand Borges, dans un de ses superbes récits de *L'Histoire universelle de l'infamie*, évoque les états de service de Bill Harrigan, ou de Billy the Kid, comme ceux de quelqu'un « qui devait à la justice des hommes vingt et une morts – sans compter les Mexicains », il ne faisait pas là une de ses merveilleuses *boutades*, mais exprimait un doute qui, je le crains, devait l'accompagner jusqu'à son dernier jour : l'Amérique latine n'existait pas. Mieux encore, elle n'existait qu'à moitié et dans des domaines sans grande importance, hors de la civilisation, c'est-à-dire de la littérature.

Il n'est pas vrai que l'œuvre d'un écrivain puisse faire totalement abstraction de ses idées politiques, de ses croyances, de ses phobies et de ses goûts éthiques et sociaux. Au contraire, tout cela fait partie de la glaise dont son imagination et sa parole modèlent ses fictions. Borges est peut-être le plus grand écrivain de langue espagnole après les classiques, un Cervantès ou un Quevedo, mais cela n'empêche pas que son génie, comme dans le cas de ce dernier qu'il admirait tant, souffre, malgré ou à cause de son absolue perfection, d'un certain manque d'humanité, de ce feu vital qui, en échange, humanise tant celui d'un Cervantès. Cette réserve ne venait pas de l'impeccable facture de sa prose ou de l'exquise originalité de son invention ; elle était dans sa manière de voir et de comprendre la vie du monde, sa vie mêlée à celle des autres, dans cette chose si méprisée par lui, et souvent si justement méprisable : la politique.

Washington D.C., octobre 1999

BIBLIOGRAPHIE

1. *Preguntas a Borges,* Paris, novembre 1964. *Expreso,* Lima, 29 novembre 1964.

2. *El deicidio borgeano*, Lima, 1978. *The Times Literary Supplement,* Londres, 28 avril 1978, sous le titre : *A reality against reality.*

3. *Borges en su casa*, Lima, juin 1981. *Caretas*, n° 655, Lima, 6 juillet 1981. *Jornal do Brasil,* Rio de Janeiro, 17 août 1981. *La Nación,* Buenos Aires, 23 août 1981. *Unomasuno,* (supplément *Sábado*), Mexico, D.F., 9 janvier 1982.

4. *Las ficciones de Borges*, Marbella, 1987/ Londres, octobre 1987. Conférence lue en anglais sous le titre : *The Fictions of Borges*, à l'Anglo-Argentinian Society de Londres, lors de la Fifth Annual Jorge Luis Borges Lecture,

le 28 octobre 1987. Spanish and Portuguese Distinguished Lecture Series, Department of Spanish and Portuguese, University of Colorado at Boulder, Boulder, n° 5, printemps 1988. *Third World Quarterly*, 10.3, Londres, juillet 1988 sous le titre : *The fictions of Borges. El Mercurio,* Santiago, 11 juin 1989. *A Writer's Reality,* Syracuse University Press, Syracuse, 1990 (p. 1-19) sous le titre : *An Invitation to Borges Fiction. Contra viento y marea, III,* Seix Barral, Barcelone, 1990, (p. 463-476).

5. *Borges en París,* Londres, juin 1999. *El País,* Madrid, 6 juin 1999. *Caretas,* Lima, 10 juin 1999.

6. *Borges, político,* Washington, D.C., octobre 1999. *Letras Libres,* Año I, n° 11, Mexico, D.F., novembre 1999. *L'Herne. Mario Vargas Llosa,* Paris, 2003 (p. 93-97), traduit en français par Bertille Hausberg sous le titre : « Borges et la politique ».

TABLE DES MATIÈRES

W. Burroughs/J. Kerouac/C. Pélieu
Jack Kerouac

L.-F. Céline
À l'agité du bocal

N. Chomsky et J. Bricmont
Raison contre pouvoir, le pari de Pascal

N. Chomsky et M. Foucault
De la nature humaine : justice contre pouvoir

E. M. Cioran
De la France
Des larmes et des saints
Valéry face à ses idoles

Ernest Cœurderoy
De la corrida

Gerald A. Cohen
Pourquoi pas le socialisme ?

Alphonse Daudet
La doulou

Michel Déon
Journal (1947-1983)

Jacques Derrida
Et cetera
Surtout pas de journalistes !
Les yeux de la langue
Histoire du mensonge. Prolégomènes
Poétique et politique du témoignage
Pardonner : l'impardonnable et l'imprescriptible
Qu'est-ce qu'une traduction « relevante » ?
Le parjure, peut-être (« brusques sautes de syntaxe »)

Robert Desnos
Jack l'Éventreur

Franz Kafka
Le terrier

Arthur Koestler
La pulsion vers l'autodestruction

Paul Lafargue
Le droit à la paresse

Dominique Lestel
L'animalité

Rosa Luxemburg
Dans l'asile de nuit

Jospeh de Maistre
Éclaircissement sur les sacrifices

Oscar Mandel
La reine de Patagonie et son caniche

Guy de Maupassant
L'inutile beauté
Un cas de divorce

Charles Maurras
L'ordre et le désordre
Soliloque du prisonnier

Jules Michelet
La République des oiseaux

Montaigne
Éloge de l'animal

Edgar Morin
Le destin de l'animal
Où va le monde ?
Vers l'abîme ?

Friedrich Nietzsche
Le crépuscule des idoles